日本語の変遷

金田一京助

講談社学術文庫

まえがき

亡父京助の旧著「国語の変遷」が再編されて広くお目見えすることになったという。嬉しい話である。

私は父の書いた国語学の本はあまり読まないできた。ことに終戦後はそうである。この本なども、丁寧に読むのは、父の死後五年たった今度が始めてである。

私が読まなかったのは、父とは逢えば、いつでも気楽に話が聞けるという安心感、そのほかに、父の本を読んで、それに賛成した意見を述べるのが何となくきまりが悪いような気がしたという利己的な気持からである。不孝な子どもだった。

今度この本を読んで気の付いたことは、私がひそかに自分が考えついて述べたつもりになっていたことが、早くこの本にちゃんと出ていることである。「日本語は乱れていない」という論などそうである。「おばあさん」などの三音目の拍を「引く音」と呼んだことなどもそれである。

思えば、私は大学のころ、また大学を出て大学院に籍をおいていたころ、父の家にいて、始終国語の話を聞いていた。そういう時に知らず知らず頭に入れた考えを、ずっと後に、あたかも私が考え出したことのように錯覚して書いたものらしい。どうもこれには参った。四十年のそのかみのことを思い起こし、茫然とした気持で、この本を読みおえた。

金田一春彦

昭和五十一年十一月

目次

日本語の変遷

第一　日本語の変遷

序論

言語というものは、民族の伝承の上に存在し、民族生活の進展につれて時代から時代へ不断の変遷・発達をし続けるものである。ただその変遷は、目にも止まらない小さな差異を織り畳んで、極めて徐々として進行するのが常であり、進行中には、格別意識にも上らないが、若干の時を重ねて初めてそれと気がつく、といったようなものである。例えば昔はアハウミの国であった。それがアハウミの国、アハウミの国といっているうちに、いつかアフミの国となり、アフミの国、アフミの国といっているうちに、いつかアウミの国となり、またついにオオミの国となっている。昔のカミツケの国がいつのまにか、カミツケの国、カウツケの国、ついにコオヅケの国となっている、というようなわけである。

もっとも、このように、字で書いても、ちがい目のできたのは、誰の目にもハッキリ古今の差がうつるのであるが、むさしの国・伊豆の国・するがの国などは、最古の文献あって以来むさしの国・伊豆の国・するがの国で、古今の間に仮名の相違のないのは、ざっと見た目には、少しも変化がないように見える。物の名にしても、いぬ・ねこは、昔も今もいぬ・ねこであり、そらだの、くもだの、ゆきだの、かぜだの、山だの、谷だの、石だの、木だのと、いう類は、昔もそう、今もそうで何の変りもないように見えるものであるが、つまり、アイウエオ、カキクケコ、サシスセソ以下のいわゆる五十音図の一々の仮名の発音が、昔も今と同じに発音したもののように思い込んでいるからである。昔の学者には、こういうことはよくあったことで、例えば、本居《もとおり》宣長《のりなが》翁のようなえらい方でも、五十音は神代ながらの発音で古今同じことであると考えておられた。しかし、これは素朴な見方でもちろん誤りである。今をもって昔を測る誤り、つまり、ちょうど、今日白米の飯を食べつけて、御飯といえば白米の御飯と思い、我々同様大昔の人も、真白な飯をたべていたものと思うような誤りであり、畳《たたみ》といえば、今の床《とこ》を踏んだ畳を見慣れて、昔の人も、かような畳を敷いていたように思う誤り、綿を入れた夜具蒲団《ふとん》に寝つけて、寝るには昔の人も、皆こうしたものの如く思い込む誤り、我々はかような誤りに陥らないためには、できるだけ今をもって推せることと、今をもって推せないこととを分けて考えることが必要である。何を考えるにも、ずるずるに、囚《とら》われたままで、色眼鏡をかけて見ては、見るもの見るものことごとく色がついて見える道理である。すべからく、今と同じであるはずの、例えば親子の情とか、夫婦の愛などいうものならば、今に推しあてて考え合せてもよかろうが、今とちがうかも知れない個々の事実は、今を離れて考えられるように用意すべきで、どうかこの際しばらく我々は白紙に返って、眼前の事実に囚われないようにしたいと考える。これが、いささか、本論へ入る前の小さな注意書きである。

さて、いよいよ本論に入るのに、いったい国語の歴史を振り返ると、およそ五つの時代が分けられる。これは、新村出《しんむらいずる》博士のお立てになった国語史の五大期であって、古来、ほかにも色々な時代分けがある内、一番結構な見方と考えられる故、私自身はそれに従って申し述べる次第である。さて、その五つの時代とは、すなわち、

第一期は　上代日本語《アーケイクジャパニーズ》――奈良時代及び奈良時代以前。
第二期は　古代日本語《オールドジャパニーズ》また古典日本語《クラシカルジャパニーズ》――平安時代のおよそ四百年。
第三期は　中世日本語《ミッドルジャパニーズ》――鎌倉・室町時代のおよそ五百年弱。
第四期は　近代日本語《モダンジャパニーズ》――江戸時代の約三百年。
第五期は　現代日本語《プレゼントデージャパニーズ》――明治・大正・昭和の時代。

と分けるのである。以下この順を逐って各時代の変遷を略叙《りゃくじょ》して見ることとする。

一　第一期　上代日本語

奈良時代及び奈良時代以前

奈良時代及び奈良時代以前を一括して上代と呼ぶのであるが、奈良時代は今から約千一百年前である。それよりもなお先の方、原史時代は、どれほど時がたっているかわからない昔を含むわけであるが、そういう大昔には文献が存在しない。まして、建国当時の日本語がどんなものであったか、それは、今日とうていつまびらかにすることができないのである。では、原始日本語というものは、どういうものであったか少しも推し測ることさえできないものであろうかというに、方法をもってすれば、それは必ずしも全く不可能なものではない。

なぜか？　それは、一つにはこの国語というものの性質による。すなわち、国語というものは、ある個人の個々の事実ではなくして、社会共同の普遍的な事実であるからである。国語というものは、一つ一つの単語と、これを連ねる規則、すなわち、語彙《こい》と語法とから成るが、この内、一つ一つの単語（すなわち語彙）の方はまだ、変り易いもの、混じ易いもので、時としてあまり当てにならないものであるが、これに反して規則（すなわち語法）の根本には変りがない。すっかり別な国語に取って替わられない限り、そうそう滅多に変ることではない。すなわち同じ国語が話し継がれる限り、千年・二千年で、語法の本質は改まらない。それ故に奈良の文献の語法の大本は、まず大体において、それがそのまま、原始日本語の語法だったはずである。

果してそうだとすると、我々の原始日本語も、一々の単語はとにかく、文法は、まず次のようなものであったろうと考えられる。

第一、花咲く・鳥啼《な》く・雨降る・風吹く

のように、主語が先に、述語が後に立つ規則だったろうこと。

第二、花見・月見・藻刈《もか》り・汐焼《しおや》く・山行かば・海行かば

のように、動詞とその目的語・補語の関係は、動詞を後に置く規則だったろうこと。

第三、常世《とこよ》の長鳴鳥《ながなきどり》・細《くわ》し矛千足《ほこちた》るの国

のように、修飾する語を先に、修飾される語を後に置く規則だったろうこと。

第四、花が・花を・花に・花の・花より・花さへ・花こそ・花こそは・花をこそは・花をばしも

のように、助詞は体言の下へ下へ添って、必要に応じては、二重にもあるいは三重にさえも添う規則だったろうこと。

第五、しろす・しろしめす・しろしめしけむ・取らす・取らせり・取らせたまひきのように、助動詞は動詞の下へ下へ添って、必要に応じては、二重にもあるいは三重にさえも、添う規則だったろうこと。

原始日本語の相貌を物色して私共は、少くともここまでは大抵誤りなく想像できるのである。

では、地球上、このような特徴をもつ国語が外にもあるか、どうか、と見廻して見ると、漢文すなわち中国語は、全然ちがい、先住民のアイヌの言葉ともまるでちがい、南洋方面ではすっかり逆に並べる。たった、西隣りにわずか一《いち》衣《い》帯《たい》水《すい》を隔てるに過ぎない朝鮮半島、それから満・蒙《もう》・ツングース・トルコ・タタールなどの、世にいわゆるアルタイ語族の言語こそは、ちょうどこの通りなのである。これは我々に取って、ぼんやり眺めてはおれない事実である。

なぜなら、これら朝鮮語・満州語・蒙古《もうこ》語は、文法が日本語と同じであるばかりでなく、発音上の癖にも類似がある。すなわちこれらの諸国語には、ラリルレロで始まる語がない。上代日本語も、ラリルレロで始まる語がなかった。また、音節、すなわちシラブルの構造が、至って単純であって、例えば英語のstop, stamp, strike, stranger, strong など、子音《しいん》(1)が三つも続くというようなことは、アルタイ語にもなく、日本語にもない。すなわちアカサタナハマヤラワの如く必ず頭には一子音という簡単な音節構造を特徴とするのである。

こういう風にひとり文法の点ばかりでなく、音韻《おんいん》組織の特徴にも、朝鮮語・ツングース語・満州語・蒙古語が多分の類似をもつのである。

音韻組織の特徴といえば、も一つ、立ち入った特徴、それは朝鮮語・ツングース語・満州語・蒙古語・トルコ語・タタール語等の、いわゆるアルタイ語族全体及び、更にハンガリア語・フィンランド語などの、いわゆるウラル語をも含めたウラル・アルタイ語族全体に通ずる特徴で、有名な母音《ぼいん》調和(2)ということがある。母音(3)の同化現象の非常に盛んに行われることであるが、それが日本語の上にも昔あったことが今日発見されたのである。日本語に昔そういうことがあった結果であろうが、手っ取り早い話は、今でも何となく、アタマ・カラダ・ハダ・カタなどは皆-a、ココロ・トコロ・コト（事・言）などは皆-o、ミミ・チチ・ヒジ（肘）などは皆-i、その他、ソヨソヨ、サヤサヤ、コロコロなど、同一語全体が同母音で出来ていることの多い国語で、試みにローマ字で書いて見ると、いかにも英語・ドイツ語などと変って見えるのがそれである。西はフィンランド語・ハンガリア語から、東はホオーツク海・日本海に至るアジアの北部・東部一帯の言語は、とかくこのような特徴をもつのである。

以上は、類似の点を見たのであるが、次に、試みにアルタイ語族と日本語との相違の点を見て行くならば、

(一)原始アルタイ語の方には、例えば「私」にも「汝」にも単数・複数があったのに、原始日本語では恐らくもう単数・複数がなかったろうと思えること。

(二)原始アルタイ語の方には、濁音で始まる語があったが、原始日本語には、濁音で始まる語がなかったらしいことなどが挙《あ》げられる。どうしてそのような相違が生じたのか。それはバビブベボが、原始日本語に、ワヰウヱヲになったらしい根跡がある。アルタイ語のbiは「ある」「ゐる」ということで、それが日本語に「ゐる」とか「をる」とか、ワ行になっているそのゐにあたる。又アルタイ語biは「私」で、buが「我々」(ただし、相手を含む我々)、baは相手を含まぬ「我々」である。このbaが日本の「わ」「われ」のwaにあたる。すなわち日本語はbaをwaといって第一人称複数形を、単数の場合にも用いたから(今でも自分一人のことを『我輩』だの『私共』ということがある)、それで、単・複の区別がなくなったものであったろうと考えられる(英語でも、あなたをyouというものだから単・複がなくなったように)。また、ダ行の語はヤ行になったものもある。「ゆふべ」・「よる」などいう語は向うのダ行にあたるから。

今一つガ行は、清音になるか、落ちて行ったようである。第三人称が「か」とも「あ」ともなる類で、第一人称waも時としてwが落ちて親しだてらには「あ」ともいったのは、今日「わたくし」が「あたくし」ともいわれるようなものである。かようにして、原始日本語に語頭の濁音がワ行やヤ行やア行などになって無くなったものらしいのである。

こういう風にして、原始日本語が、歩々《ほほ》独自の発達を遂げつつ大八洲《おおやしま》の地に国を建てつつあった相貌《そうぼう》がほのかながら想像されることである。

では、およそいつ頃、大陸からこの大八洲の地へ渡ったか、という問題になるが、それはわからない。ただ二つの点から、それはもう悠久《ゆうきゅう》な古さであることだけは推定される。
(一)日本語のもつ母音調和が全く原始型であることから。
(二)根本的な単語の一致の案外に稀薄なことから。
この二点から見て、日本語は、朝鮮語から分れたのでも満州語から分れたのでもなし、蒙古《もうこ》語から分れたのでも、トルコ語から分れたのでもなく、はるか遠く、朝鮮・満州・蒙古・トルコが、まだ分れない原始アルタイ語そのものから分れたものであろうと察せられるのである。

さてそういう古いところから分れ、それが大八洲の土地へ住みついて、どれだけの年代を経たか。その年代は、たしかなことはわからないまでも、建国当時も、やはり、少くとも、それ程、むしろそれ以上、経過していたと思わなければならない。なぜかというと、文法があれほどまでも一致するのに、単語は、交際の間に物と一緒にはいり得るような物名をのぞくと根本的な単語は、例えば、一つ二つ三つ四つ、というような数詞などまでも、案外《あんがい》一致の度合の少い理由がわからない。ただ悠久な年代をそこに置いて考えることによってのみ、解釈ができるからである。

こうして、とうとう東へ、東へ、国を開き進んで、我々の遠祖《えんそ》が、いよいよ畿内《きない》の地へ国を立ててから、色々な民族が同化されると共に色々な民族の言語もまた同化されたはずである。その第一のものは、建国以来東境の異族であった蝦夷《えぞ》のことば、また南方からやって来るインドネシア・オーストロネシア系の民族の言語等々である。

もっともこれらの民族の文化は、朝鮮半島を経由する大陸文化に比して、遙かに低級のものであったはず故、我々の言語の上に、そう大きな影響を与えなかったはずである。それは、水の低きに就くが如くに、文化そのものも、高い方から低い方へどしどし流れるが、低い方から高い方へは、ほんの例外的に、特殊な土俗品名がその品と一緒に入ることがあるくらいなのがまず原則だからである。

まず蝦夷語の影響といったら、所の名、すなわち地名である。それとて、久しくなると、永い間に古い名は埋没《まいぼつ》して、段々新しい和名《わめい》に替わられて行くものであるから、東海道・中仙道あたりには、アイヌ名らしいものは、摩滅してしまったせいか、それとも、そこまでは来ていなかったものか、更に見えない。富士の山などがアイヌ語「火の山」だと説く説も困難である。フチは老母・祖母ということで、直接火ということではない。火の神はウチ、ウンチ又はウンヂであるが、それでは、ふじとは成りがたい。

　関東にもほとんど見えなくなってしまっているが、強いて言えば、常陸風土記《ひたちふどき》のヤトを初めとして開東に多い大《おお》ケ谷戸《やと》・高野谷戸《こややがやと》・小谷戸《こがやと》などのヤト、それから鎌倉の扇《おおぎ》ケ谷《やつ》・比企《ひき》ケ谷《やつ》などのヤツ及び奥羽一般にいうヤチは、東京附近にも熊ケ谷・世田ケ谷・千駄ケ谷・阿佐ケ谷・渋谷・四ツ谷・下谷などのヤがたくさんあって、すべて東国方言で、中部や西部の日本にないことを思い合せると、本州アイヌ方言の残り物などであるいはあるかも知れない。ほかには、概して、白河の関を南へ出るとアイヌ語くさいひびきはすっかり消えてなくなってしまうのである。その代り三陸《さんりく》と羽前《うぜん》・羽後《うご》、殊に羽後と陸奥《むつ》と陸中《りくちゅう》、すなわち秋田・青森・岩手の三県には北海道のように、ナイ・ペツのつく地名のたくさんあるのはまず大抵アイヌ地名であろう。アイヌ語に、ナイは沢、ペツは川である。

　地名以外で、今日に遺《のこ》る古いアイヌ語は、『カニバ巻き造れる小舟』と万葉に歌っているカニバ（桜の皮）である。アイヌ語では、カリンバで、山桜の皮のことである。山桜の皮は、物に巻くもので、これで巻くと丈夫になるから、重籐《しげとう》などもアイヌでは山桜の皮を巻くし、舟も釘を打つ代りに、山桜の皮で綴《と》じる。曲物《まげもの》を綴じるに、今でも東北ばかりでなく、桜の皮を用いる。それをカニバという意味はわからない。しかるにアイヌ語で、カリンバは巻くことをいい、桜の木をカリンバニという。ニは木ということである。

南方諸民族語の上代日本語の上への影響は、いまは容易に見出し難くなってしまっているが、あるいは『米』の原産地方インドネシア方面から米及び稲《いね》という語が来ているかも知れない（坪井九馬三博士『我國民間語の曙』及び松本信廣教授の仏文『日本語及オーストロネシア語』参照）。

上代における他民族の言語の影響の内、文化の低かった北や南の種族のものは、大した影響はなかったろうが、西の方のアジア大陸には、古くして大きい、且《か》つ遙《はる》かに度の高い文化――すなわち中国文化があって、有史以前の昔から、殊に朝鮮半島へ漢の楽浪郡《らくろう》ができてからは、その文化が断えず我が国土の岸へ潮のように、寄せて来たものであろうことは容易に想像される。別して応神の朝、漢籍渡来の画期的な事件があり、今一つ推古朝の遣隋使がある。それによって日本に、在来の漢字の発音が著しく本土の都の発音と相違し、向うでは江南《こうなん》の田舎音でしかなかったことがわかって、それ以来、これまでの音を和音《わおん》(4)・呉音《ごおん》(5)などと呼び、これを改めしめようと、朝廷では向うの都から学者を招聘《しょうへい》して音博士《おんはかせ》(6)とし、我が大学で学生に教授せしめられた。いわゆる漢音《かんおん》(7)の起源で、以後、毎字漢・呉音が並び行われるゆえんである。

しかも当時の漢音の学習というのは、今日のように跳んだり返ったりして読むのではなく、棒読みにアクセントまで向うの人のいう通りに発音して、会話も通じるから、ちょうど今日の英語の稽古《けいこ》のような学習であった。又それに習熟するにつれて、我が国に、濁音《だくおん》で始まる言葉も生じ、ラリルレロで始まる言葉もできる。こうして固有の音韻《おんいん》組織が変化を受けて崩れるにつれ、母音《ぼいん》調和というようなことが衰えて来るわけで、それでも、辛うじて、記・紀・万葉の頃まではまだほのかに残っていた。（参照、一五三ページ。なお有坂秀世博士『上代國語に於ける音節結合の法則』国語と国文学　昭和九年一月号、並びに『國語音韻史の研究』）

文法では、動詞活用がすでに上代に発達し、まれに用いられるものは、数の多い四段活用に類推されて、四段活用がますます多くなり、毎日毎日用いられるものは類推される余地なくしてそうは行かず、不規則すなわち変格活用をする（あり・す・逝《い》ぬ・来る）。変形を許さない一音節の語幹の動詞は一段活用に止まり、他は上・下の二段に落ちついて来たが、そのうちに又、他動を自動にするために下二段になるもの（忘るる・みだるる・明くる・ひらくる）、それにならって自動『垂《た》る』（四段）『触《ふ》る』（四段）が『垂るる』（下二）『触るる』（下二）になって来たような例もある。また自動詞を他動化するために『得《う》』を接尾して、四段が二段になって他動になるものもあった（建つる・埋むる・含むる等の類）。その他に連用形の類推から、二段活用が一段活用になる傾向のあらわれが、もうすでに上代から見え始めて、『泣きいさちる』などの如き形がある。『引き率《ゐ》る』（帥・率）『持ち居る』（用《もち》ゐる）などいうような一段活用は、そうして生じたものと考えられる。

しかし、日本語がこの島国に、独得の発達を遂げた過程の中で、最も特異なものは敬語の発達である。それは自然に島国に保存された家族制度のモットーの『長幼序あり、男女別あり』という線に沿って発達したものであった。すなわち名詞には、美称の接頭辞『ふと』『おほ』『み』『おほみ』を附け、動詞は頻繁《ひんぱん》に用いられるものには独自の敬称形を発生し、『在る』の『在《おほ》す』『在《ま》す』『在《いま》す』、『為《す》る』の『せす』、『見る』の『召《め》す』、『言ふ』の『仰《おほ》す』、『思ふ』の『おもほす』『おほす』、『聞く』の『聞こす』、『知る』の『知ろす』、『与ふ』の『賜《た》ぶ』『賜《た》まふ』、『寝《ね》る』の『寝《な》す』、『著《き》る』の『著《け》す』、『食《く》ふ』の『食《を》す』の類で、一般動詞は、助動詞四段活用の『す』を副《そ》えて表わし、『立たす』『告《の》らす』『取らす』の如くいうが、また、『たぶ』『たまふ』を補助動詞に用いることも見え始める。この『たまふ』の用は次期に至って大いに栄える。

かくして、いよいよ日本語の、アルタイ語族からすっかり変ってしまった点は、一々の動詞が、人称区別の語尾を取らずに、その代りに、この敬語法が人称区別に役立つようになった特徴である。

今日の言葉に『いらっしゃるなら参ります』『御覧になったあとで拝見しましょう』など、かように人称の代名詞の代りに、敬称が役立って人称区別ができている。そのようなきざしがすでに、この第一期に、自分の『在る』のは、『あり・居り・居る』、相手のは、『ます』『います』である故、それがそのまま自分と相手とを表わし分けるから、代名詞もそれを利用して表わし分け、『あ（我）・わ・われ』が自分で、それに対し、『まし』『いまし』『みまし』が相手のことになって、『な』『なれ』に交替をする。

この敬語法の観念が段々つよく語法の上に表われて行き、久しくなると、敬意が薄れるところから、人称代名詞がしじゅう交替して歴代の日本語の歴史をなすこと、次々申し述べる通りである。

二　第二期　古代日本語もしくは古典日本語

平安時代のおよそ四百年

この期の初めに、都が山城《やましろ》の平安京に移り、これまで、永い間、大和の奈良の都の言葉が中央標準語だったのが、ここに一変して、山城方言が中心となる時代に入る。

さて、この期に入って生じた顕著《けんちょ》な出来事の一つは、何といっても、仮名文字の創製と仮名文《ぶみ》の興隆である。それが国文学曠古《こうこ》の盛観を呈し、いわゆる国文の黄金時代を現出し、永く国文学の古典と仰がれて、その一点一画も永く規範視され標準視され、仮名遣でも、係り結びでも、一々この期のものを規格として現代に及んだ。それが、この古代日本語を一に古典日本語と呼んで、記・紀・万葉の言葉とも区別するわけである。

記・紀・万葉とても古典ではあるが、一々それに従って書くことは、あまりに『時』を隔てて、適しなくなったので、上代のものとして別扱いにし、直ちに準拠《じゅんきょ》することは控えておくので、同じ古典といっても意味がちがうのである。

さて、古典時代の日本語の全貌《ぜんぼう》を概括《がいかつ》するならば、まず、音韻《おんいん》上のことであるが、中にも母音《ぼいん》が奈良時代にあったｉｅｏの変音を、今の普通のｉｅｏへ統一して、大体今日のような五母音に整理した。これによって、奈良時代まで日本語の上にあった母音調和というウラル・アルタイ語族共通の一大特徴を失って、島の上における日本語の形態がいよいよその個性の発達へ向って行くのであった。

子音《しいん》では、ワ行の内に、ウ列のwuは、果して存したか、どうか、少くとも記・紀・万葉にはすでにこれをア行のウと書き分けていないから、平安時代に入ってはなおさらである。古い真仮名《まがな》の五十音図に烏と于とを書き分けているのは、反切《はんせつ》(8)を知るための表であって、国音を主としたものではないから、証拠にならない。

ヤ行音も、イ列は、記・紀・万葉ともに、これをア行のイと書き分けていないが、エ列のyeは、記・紀・万葉にはア行のエと書き分けてある。ア行は『榎《え》の木』のエ、『エゴマ』のエ、その他、『見るを得ず』『聞くを得ず』の得などは、ア行のエであって、『枝』のエ、『入江』のエ、『兄』のエ、『見エ』『聞エ』『絶エ』『超エ』のエなどは、ヤ行のエであった。

この区別が、平安時代に入っても初期まではあったもので、すなわち五十音図は四十八音だったのである。『天地のことば』も四十八音である。これは後のいろは歌のたぐいで、同音を重複せぬように、ありったけの仮名を文句にならべた詞であるが、『あめ』『つち』以下四十八音であった。そして二つのエをば、『榎の木の枝』の意味で『榎の枝』と、うまくいい分けてあったのである。

しかるに、平安時代半ばの源順《みなもとのしたごう》[9]の歌集や、その著の『倭名類聚鈔《わみょうるいじゅしょう》』[10]にも、はた、源氏や、枕の草子以下、黄金時代の仮名文にも、すっかり二つを一つに書いて、この区別を知らないもののようである。これは、すなわち、この時代になると、二つが全く同音になっていたからに他ならない。この点からいうと、いろはにほへとちりぬるを、わかよたれそつねならむ、云々という『いろは歌』は、平安時代からすでに弘法大師の作で通ったものではあるけれど、それは国語学の方からは大師よりはるか後、平安の中期以後に出来たものでなければならないということになる。

も一つ、古典時代に起った音韻上の問題は、音便《おんびん》[11]の発生である。すなわち、イ音便の泣きてを泣いて、騒ぎてを騒いでといい、后《きさき》の宮を、きさいの宮だの、月立をついたちという類である。結局、書いて下さい・除いて下さいなどの言い方の起りはこの時代なのである。

また、ウ音便の、早くをはやう、よくこそをようこそ、有りがたくをありがたうの類で、給ひけりをも、給うけり、思ひ給へをも、思う給へなどいった。人に逢うた、本を買うたの類もこれ、相撲《すまい》取りをすもうとり、向ひ疵《きず》をむこう疵、病ひの床を病うの床もこの類であった。

また、撥音便《はつおんびん》は、死にてを死んで、読みてを読んで、摘みたるを摘んだるの類。なお、あるなりがあんなり、盛りにが盛んに、くだりの如しが件《くだん》の如し、残りの月が残んの月となった類。

また、促音便《そくおんびん》、これは、字音の入声《にっしょう》(12)、すなわち一とか八とか、六とか、その他、ナムアミダ仏とか菩薩《ぼさつ》とか、法師《ほっし》とか、律師《りっし》とか、勿体《もったい》とかいう類の発音から起ったもので、一品《ぽん》・一《いっ》派《ぱ》・一寸法師・一所懸命、の類の発音に始まって、ついに、持ちて――もって、取りて――取って、由りて――よって、ついに、またく――まったく、あはれ――あっぱれの類に及ぶ。

しかし、音便は、平安時代の盛時、もしくはそれ以前に生じたことであるから、正式な変化と認められて、書くのにも発音どおり書いて差しつかえないとされているところの変化である。

さて、平安時代も、盛時を過ぎてだんだん院政時代に入って来ると、転呼《てんこ》音《おん》(13)と呼ばれる現象が起る。語中・語尾のは・ひ・ふ・へ・ほ、が wa wi u we wo のように発音されて来るのがその一つである。すなわち、川とか沢とか、岩とか粟《あは》とか、笑はむ、願はむなどのはがワと発音され、ひ・ふ・へ・ほも同様で、笑ひと書いてもワラヰ、願ひと書いてもネガヰと発音し、顔《かほ》・汐《しほ》・棹《さほ》と書いてカヲ・シヲ・サヲだったのである。

だから、この頃、ハ行とワ行との間に掛け詞《ことば》が起る。椎《しい》と四位《しい》をひっかけた源三位頼政《げんさんみよりまさ》の歌など。

　昇るべき頼りなき身は木の下に椎を拾ひて世を渡るかな

転呼音は、黄金時代が傾いてからの変遷《へんせん》であるがために、正規視されず、従って、書く上で、そのとおり書くことは、認められなかったのである。

　次に語法の方面では、まず活用が九種に落ちついたことである。今日文語の活用として教わる正格五種、四段と上下二段・上下一段、外に変格が四種、ラ行変格・ナ行変格・サ行変格・カ行変格がこれである。

　形容詞、く活用・しく活用の二種ともに、已然《いぜん》形「けれ」が完成して、以前のよけど、よけばの代りに、よけれど、よければとなるのみならず、こそ・けれの係り結びが完成した。

　なお前代に常の語法だったのに、この期に入って、成語にのみしか用いられなくなったのは、第一に延言《えんげん》(14)がそれである。第一期上代には、云ふを云はく、見るを見らく、聞くを聞かく、告《の》るを告らく、思ふを思はく、思へるを思へらく等、すべての動詞が皆そういえそうだったが、第二期には、このいわゆるカ行延言は『曰はく』とか『恐らく』とか、少数特定の用例に限られてしまった。名詞としての用例が『曰はく』『思はく』などに残っている。「曰わくがありそうだな。」、「人の思わくを気に病んでいる。」など。この形は延言の第一種で、動詞のジェランドのような名詞形である。

延言二、『ハ行延言』というものもあった。告《の》る——告らふ、言ふ——祝《いは》ふ、たぶ——給《たま》ふ、ねぐ——ねがふ、住む——住まふ

これも平安時代には、『呪《のろ》ふ』『祝ふ』『ねがふ』など成語化したものだけが生き残っただけである。

これはもと『合《あ》ふ』というような動詞の熟合した形で、もと一つの動作態を表わす形だった。

延言三、『サ行延言』、すなわち、立つ——立たす、告《の》る——告《の》らす、取る——取らす、佩《は》く——佩かす、書く——書かす、打つ——打たす、の類。

これはむしろ、第一期特有の四段の助動詞『す』と見られるようなものに発達していた。

「み執《た》らしの弓」「み佩かしの剣《つるぎ》」

などの語に名残をとどめて廃ってしまうのである。

次に、終止反復形が、ほとんどすべての動詞にいえそうだったが、この期になると特別のものだけになり、その意味は、『反復』から『しながら』の意味になり、副詞的に用いられた。

行く行く、見る見る、泣く泣く、恐る恐る、益《ま》す益《ま》す、などは全く副詞化。昔は、によぶによぶ（「ウメキナガラ」）、瘠《や》す瘠《や》すも（「瘠せながらも」）など、随分広くいえたのである。

次に、「(を)――み」、という形。すなわち、

苫《とま》をあらみ・風をいたみ・瀬を早み

これは「を」は附けずにもいわれた。すなわち、

山高み・秋深み・風さむみ

これらは、第二期には、歌などの上にのみ用いられる古格となってしまって、散文の上には用いられなくなった。

敬語法の発達

敬語法は、前代すでに、レトリックの畠からりっぱに文法の領域に成長した姿を見せたが、平安時代に入っては、いよいよ備わって来て、殊に女性の手になった散文の文学の上に、精細・美妙な大進展を見せ、だんだん今日の敬語法になる基礎を築き上げた時代である。

名詞には、前代すでに美称の「み」があり、

み手・み霊・み民・み為・み執《た》らし・み佩《は》かし・みけし

上御《かみご》一人《いちにん》に関しては更に『大』を添えて、

大御《おほみ》代《しろ》・大御《おほみ》位《くらゐ》・大御《おほみ》言《こと》・大みあぶら・大御ころも

それが、この期にも用いられたが、その音便形の、

『おほん』（すなわち『おほん時代』）から、更にその中略形『おん』（更に後には『お』）となる。

ただし、帝《みかど》のお前・おもの、等の数語は、この時代に、前代の大前・大物などから直接に出て来た。

動詞には、日常最も頻繁に用いられるものに対して、敬称[15]と謙称[16]とを生じたのである。

『在《あ》る』に対しては、ます・います――侍る
『与《あた》ふ』に対しては、たまふ――たてまつる（まつる）
『言ふ』に対しては、仰《おほ》す――申す
『行く』『来る』に対しては、おはす――まゐる（まかる）
『食《く》ふ』に対しては、召す――たぶる（いただく）

殊にこの時代に入って著しく進展するのは、『給ふ』の変化の『給ふる』が、目上に対する目下の動作へつけて謙称《けんしょう》に用いられ、

見たまふる・思ひたまふる

など盛んに出て来ている。

敬称・謙称の他に、ていねいな物の言い方、特に相手とか自分とかの動作へ添えるのでは

なく、一般の動作へ添えていう語法、―まつる・―まをす・―侍《はべ》る・―まゐらす、の語法が大いに発達する。

助動詞には、前代の使役《しえき》の意味から来た敬称の、『立たす』『執らす』などの四段活用の『す』は、この時代に入ってはもう特殊化した『おぼす』『きこす』ぐらいに名残を止めて、一般には下二段のす・さすが、使役相[17]と敬相《けいそう》[18]とに用いられて、以前の四段の『す』に取って替る。

また前代の、「自然にそうなる」意味から、「そうできる」意味に、更に所相《しょそう》[19]にまで用いられた、『ゆ』『らゆ』（偲《しの》はゆ・泣かゆ）などの用法が、これ又、『見ゆ』『煮ゆ』などのヤ行自動詞及び『あらゆる』『いはゆる』など、化石化したものに名残を止めて、一般には、『る』『らる』に交替し、る・らるが、ちょうど昔のゆ・らゆのように、自然相[20]・可能相[21]・所相に用いられて、一転、敬相にまで、これまた進展する。

そこで『行かせらる』『せさせらる』というように、本来敬意のある『給ふ』などから独立しても、敬意を表して敬語に立つようになる元をひらいた。

三段の係り結びの法則

は・も・ただの係りは、終止形で結び、ぞ・なむ・や・か・何の係りは、連体形で、こその係りは已然形で結ぶというのが、いわゆる三段の係り結びの法則である。この法則と違ったものは、いわゆるテニハを違《たが》えたものとして斥《しりぞ》けられるから、この法則は大事な知識とされたあまり、誤って、国語のあらん限り恒久的な法則でもあるかと思いちがえた人もある。実は、平安の黄金時代の規則であるに過ぎない。黄金時代の規則故、大いに重んじられたのではあるが、その成立は第一期の上代にはまだだったことは、すでに、『衣こそ二重もよき』などの例があるによってもわかるが、形容詞活用のみならず、動詞活用でも、上代にはまだ、

『忘れて思へや』（思わない）『われ忘るれや』（忘れない）

の如くも用い、万葉ぶりの実朝の歌に、『君に二心われあらめやも』の如く、ただの係りにも、『あらめ』の形が出るように、万葉時代、已然形はまだ、こその結びと一定していなかったのである。

玉かづら花のみ咲きてならざるは誰が恋ならめ吾《あ》は恋ひもふを（万一・一〇二）

めづらしき君を見むとぞ左手の弓とる方の眉根《まよね》かきつれ（万十一・二五七五）

見渡せば近き里廻《さとみ》をたもとほり今ぞ我が来るひれふりし野に（万七・一二四三）

などの例が見える。

平安時代になっても、その名残として、『折しもあれ』『さもあらばあれ』のような成句には、こそがなくっても已然形が現れることもなくはないが、まず常法の規則としては、こ

そと係ったら、下を、已然形で結ぶという一般的な形式が成立したのである。

ところが、末期から、この規定もゆるんでゆくのであって、要するに、この規定は平安の黄金時代の語法形式だったのである。

今一つ、この期に入って、前期よりは多少言葉が長くなった感がある。その原因の一つは、例えば、前期では、已然形などは、それだけで已然の条件で、反意にも順意にも用いられたのを、それをはっきりさせるために、バ・ド・ドモなどを添えて、分化したからである。

こうして、含蓄《がんちく》的だった上代語が分析的に詳しくなる故に、自然に語形が長くなった。また敬意を帯びている形が久しく用いられると、敬意が薄くなるために、その上へ、なお敬意をもつ助動詞が添えられて、敬語の重語という形を生じて長くもなった。

細かい感情の動きを細かく写し出す要求から、屈折多く叙述が長くなるという点もあって、それでも言葉が長くなった。

なお、語彙《ごい》の上には、ようやく漢語が少しずつ入り、（羅漢《らかん》・龍胆《りんどう》・蓮華《れんげ》・瑠璃《るり》・堂《どう》・内《だい》裏《り》・入内《じゅだい》・婆羅門《ばらもん》）、物語文の中にも漢語が消化され、内裏・入内・淑景舎《しげいしゃ》など、随分女子の文章の中にも見えるのは、これらの女性は、当時の知識層だったからである。

三　第三期　中世日本語

鎌倉・室町時代のおよそ五百年弱

まず、中世と呼ぶ称呼について一言述べておくことは、江戸時代の国学者の中に、よく平安時代を中古とか、中昔とか呼びならわし、今日の国語・国文の専門家のうちにはそのままこれを取り込んで、中古と平安時代を呼ぶ人があるけれども、現代としては、すでにそれから百余年も降っており、江戸時代から、現代へと、一時代を隔ててしまった今日、なおそのまま呼ぶことの当否は、当然再検討されてよいかと思われることである。それで今日では、一時代をへだてたから順送りに一つ繰り上げて、平安時代をば、古代、あるいは、古典時代に祭り上げ、中世の名は封建時代へ繰り下げるのが、適当のように思われるのである。

これを『国語学史』の上から見ても、和歌道の歴史の上から見ても、鎌倉・室町時代はいわゆる中世の暗黒時代で、師説になずみ、門閥《もんばつ》に囚《とら》われ、秘伝秘密主義に溺《おぼ》れ、江戸時代の近代の覚醒《かくせい》期に至るまで、正に中世的雰囲気《ふんいき》で、ちょうど、武門の興起と戦乱と、どう見ても、その前とも、その後とも、はっきり中世的特色が分れるようであるから、思い切ってこの期間を『日本の中世』と見立てるのである。

もちろん、更に鎌倉時代を中世の前期、室町時代を中世の後期と小別することはさしつかえない。

前期・鎌倉時代

さて中世の幕は鎌倉幕府の開府に明けるのであって、この時代の初頭、久しく養われた武門の勢力がようやく擡頭《たいとう》してついに政権を握るに至り、古来、『あづまの国』・『あづまえびす』とさげすまれていた関東の地へ、日本の政治的中心が移動したことは、何といっても国語史上大きな出来事であった。

まずこの時代にできた戦記文学、その中には、自然、武門の興亡が材題となる。それにつれて、東国武士の詞《ことば》などが文学語の中に取り込まれて、語彙《ごい》や発音などの上にも著しい異彩を生じて来たことが目について来る。

顔のことをしゃッつら、首のことをしゃ首、そのほか、よっぴいて、ひょうと射るとか、あっぱれの、日本《にっぽん》一のと、いわゆる半濁音や促音の、いやに見え始めるなど、どうもこれは関東武士の詞の影響ではないかといわれるのである。一理あることで、それは今日でも、『云うた』を『云った』『買うて来た』を『買って来た』、その他『切った』『張った』『思った』

『願った』『ひっぺがした』『ふっとばした』『いっちゃった』『おっこっちゃった』の類が東に多い。西の方の、『せんならん』『いかんならん』も、『しなくっちゃ』『行かなくっちゃ』などの流儀で、とかく、促音が今でも東国的である。

しかしこういう点からでも、この中世の日本語は、古典日本語と近代日本語との橋渡しになる中間の時代で、あのむずかしい、優美な、宮廷の物語に見えたことが、我々の口に生きているこの言葉へ、すぐには結びつかないが、そのここに至る順序として、まずかように打砕けると共に、すでに少しはあの中にも見え始めた漢語の消化、漢籍と漢字がだんだん国民に親しみ深くなるにつれて、漢語が、日常の語彙《ごい》の中に滲透《しんとお》って来た。殊にそれは、仏教を通じてであった。

治乱興亡、驕《おご》るもの久しからず、さしも華かだった平家の一門も、あっと思う間に西海の浪《なみ》に沈み、これを亡ぼした源氏もまた槿花《きんか》一朝の栄、朝の露の干るまを待たない無常の世相《せそう》である。ついに仏教のみ新しい芽吹きを吹いて栄え、大きな寺々の説教所には、むずかしい説教のあいまあいまに、ひしめく聴聞者《ちょうもんしゃ》の心をうつ詞と節とで仏果を解きかせる本地《ほんじ》ものや、縁起《えんぎ》物《もの》や、平家物、見ぬ世の物語に加えて、目《ま》のあたりに胸うつ物のあわれを、今のニュース映画のように謡《うた》って聞かせるその音楽や、その物語と共に、民間に親しまれる仏語の消化、世界といっても、世間といっても、人間といっても、皆もと仏語であり、出世といっても、堕落といっても、馬鹿といっても、愚痴《ぐち》といっても皆もと仏語である。こうして凡百の漢語が民衆化して今日の語彙ができて来るのである。

ことに当時始まった仏教の中に、禅宗もその一つであった。久しく打絶えていた中国との交通も、これの機縁で名僧知識の来往があり、それにつれて、当時中国の字音がまた新しく日本へ輸入された。当時の人々は、それを唐音《とうおん》と呼び慣れた。唐以来、唐が亡びた後までも、中国をば、やはり「唐」「唐」と呼び慣れていたからで、実は、その頃にはもう中国は宋の代であるから、厳密には、唐音でなく宋音であった。

提燈《ちょうちん》・行燈《あんどん》・行火《あんか》・瓶《びん》だの、鈴《りん》だの、皆、当時禅家《ぜんけ》で呼び慣らした唐音の国語化したもので、その他、普請《ふしん》、あまねく請うと書いてそういうのは、普《あまね》く民間に勧請《かんじょう》して寄進《きしん》を求めて建設の仕事にかかるものだから、ついに民間でまで家を建てることを普請をするなどというように一般化した。蒲団《ふとん》はその名の示す如く、蒲《がま》で編んだ円座のことで、禅寺では床が瓦《かわら》でつめたいから、座禅を組むのに尻に敷くものであったが、民間に入って、座蒲団となって、絹で縫ったり、綿を入れたりして、更に敷蒲団・掛蒲団に至るまで、名は依然としてなお蒲団と呼んでいる。内容の進化であるが、たまたまその名自身ひとりでにそのものの起源を物語っているから面白い。栗や、くわいを磨潰《すりつぶ》して黄色いのを円く丸めた金団《きんとん》だの、人蔘《にんじん》・牛蒡《ごぼう》の類を煮て、ゴマの油などを差して食う巻繊《けんちん》料理だの、大根を細くこまぎりにした、千六本と訛《なま》っている繊蘿蔔《センラフ》などの精進料理の名の唐音なのも、禅家から弘まったものだからである。おいしいものにはなお饅頭《まんじゅう》があり、どうして、頭の字を、じゅうと読むかというと、なお、塔の頭と書いてタッチュウと呼ぶことなどもあって、これは漢音《かんおん》・呉音《ごおん》以外の唐音だからである。

語彙のことはそれ位にして次に、発音の上では、鎌倉時代の初頭にwa wi u we woが、waの外は、wが落ちて、単なるi u e oの音になってしまう。

前に述べたごとく、詞《ことば》の中や下のはひふへほが、平安時代の末期以来、wa wi u we woと発音されていたが、これも、waの外は単なるi u e oになるので、i u e oと発音されるものはア行のイウエオの外に、ワ行のi u e o、ハ行のi u e oが出来たのである。もっとも、この内eはyeに、oはwoに発音されて来て、中世を通じて（あるいは江戸時代の初頭までも）単母音は、a i uの三つのみだったらしい。

そこで、仮名遣の混迷が生じた。親という時、どのオを書くべきか、桶《おけ》という時、どのオを書くべきか、タイ・コイ・タライはどのイを書くのが本当か？ そこで、平安時代以来、ここに初めて仮名遣のことが問題となって来た。それで、当時この三行の仮名を、区別してこう呼んだ。

ア行のをば、上に書くイ（い）、上に書くエ（え）、上に書くオ（お）という。

ハ行のをば、下に書くイ（ひ）、下に書くエ（へ）、下に書くオ（ほ）という。

ワ行のをば、口合《くちあい》に書くイ（ゐ）、口合に書くエ（ゑ）、口合に書くオ（を）という。

ア行が下に来る語がなかったから、「上に書く」と言ったのであろうし、ハ行は、下に来た時のみの発音だから、「下に書く」と言ったので、ワ行だけは、上にも（ゐなか）、下にも（くわゐ）、口に合せてどこにでも書くので「口合に書く」と言ったものであろう。

すなわち、こひと書いて、コイと発音し、かほと書いて、カオと発音し、にほひと書いて、ニオイと発音することが、この時代から起ったことなのである。

同様に願は《ワ》む・願ひ《イ》・願ふ《ウ》・願へ《エ》とよむのも、笑ワン・笑イ・笑ウ・笑エと読むのも、井戸をイドとよむのも、それゆゑと書いてソレユエとよむのも、智慧《ちゑ》と書いてチエとよむのも皆この時代からである。

ただし、中世の人は、『酒にゑふ』と書いてエウとは発音するが、まだヨオとは発音しない。ちょうど蝶々をてふてふと書いて、まだチョオチョオとはいわずテウテウといっていた時代である。これが、『ヨオ』とか『チョオチョオ』とか呼ぶようになるのは、中世の末に、もう一度大きな変化が起ってからのことである。

次に活用では、連体形で終止することがすでに前代の末からも見えてはいたが、この時代に入って盛んに起る。元来、四段活用では連体・終止が同形であるし、一般活用もそうである。多数のそれに引かれる類推の致すところである。

またそれと共に、一方にこれも前期の末から少しは見え始めたことであるが、二段活用が、一段化すること。例えば、

替《か》へむ・替へたり・替ふ・替ふる・替ふれ・替へよ

この内、替へという形が一等多く用いられるところから、つい、る・れをつける時までも、うっかり替へといって、る・れをつけるから、それで、替へる・替へれとなってしまう。そして、連体・終止を同形にするから、替へ・へ・へる・へる・へれ・へよ、となって、全く一段になってしまうのである。

『替へる』は、平安時代末期の『類聚名義抄《るいじゅうみょうぎしょう》』・『伊呂波字類抄《いろはじるいしょう》』の訓に見えるのであるが、鎌倉へ降るとか、物を呉れるとか、夜が更《ふ》けるとか、よう切れるとか、よう聞えるとかいう形が、どんどん多くなるのである。

こうなって活用そのものが変り、終止も連体も一つになると、一段の結びも二段の結びもなくなって、係り結びの法則が崩れるはずである。こその結びなども、ただ、こさんなれ、ござんなれ、などの成句《せいく》にだけ残ってその他のところには、

あの下にこそ居《を》るらむ

死にけるこそあはれなる

などいってのけている。ついに今日の『私こそ失礼しました』『それこそ大変です』などいうようになる前提を成すのである。

敬語の補助動詞には、前代の『侍《はべ》る』の代りに『侍《さぶら》ふ』すなわち『候《さう》ふ』が栄える。前代の末から鎌倉時代にかけて、『一校《いつかう》せしめ候ひ畢《をは》んぬ』というように用いられ、いわゆる候文という書簡文の一体ができて来るのは、この頃からの文に胚胎《はいたい》したのであった。その『候ふ』が、たくさん用いられて、例えば、『さに候』『さんざふらふ』『さうさうらふ』『さうさう』、後には『さうさ』『さうす』などいう形になって、今日の方言などに残る。こういう崩れた形は親しだてらの口吻《こうふん》になってしまうからで、すると、これに取って替わるていねいな語法が必要になって現れるのが戦国頃からの『で御座《ござ》ある』『で御座る』である。

今日の方言に、『はべる』が『ハビユン』となって残って使われているのは沖縄方言で、正に平安時代の面影《おもかげ》を日常語に止めているのである。

もっとも、八重山の方の、ミソーレ（「見なさい」）などに、『見候へ』が残っている。関東では八丈島が『候ふ』の残っている方言だといわれる。中世の面影を今に伝えるものというべきである。

後期・室町時代

さて、中世の後半期、室町時代に入ると、動詞の活用は、いよいよ変化してラ変の『あり』が、(「あり」と結ばずに、『目が二つある』とか、『目の下に白い毛がある』などいうように)、四段活用になり、ナ変も、(死ぬ事・死ぬもの・死ぬ習などいうようになって)、四段活用になり出すし、サ変の『為《す》』は四段、あるいは一段になりかけて来る。すなわち、

熟さない・熟す、訳さない・訳す……(これは四段の例)

論じない・論じる、感じない・感じる……(これは一段の例)

こうして変格は、カ行変格だけを残してあとは正格になり、正格は又、四段と一段とに整理されかかって来た今日の新体制を、この当時もう明かに用意をしていたのである。

次に発音上のことで、この中世の末に、もう一つ、日本音韻《おんいん》史上画期的な大きな変化が起る。この音韻変化は、およそ『昔の言葉』と、『今日の言葉』との境をつけたような大きな音韻変化である。それは何かというに、他でもない。連母音《れんぼいん》(22)が滔々《とうとう》として一様に単母音化して行った変化であり、これでもって、言葉ががらっと姿を替えてしまったことであった。すなわちau ou eu ei aiというように、母音の二つ続くことは、漢語の発音から、初めて生じたのではないまでも、少くとも激増したのであったが、もともとあまりなかった発音で口に合わないものだったらしく、ここに至る数百年間、発音して来てついに、ちょうどこの戦国の終る世

の中になって、皆純粋な一個の単母音の引き延ばしに替えてしまったのである。

その結果は、たまたま国訓でも、そういう形態を取っていたものをば、皆お相伴《しょうばん》に同じ変化をさせて行く。

まず漢字の音の例からいうと、

第一にauがooとなった例

桜《さくら》がアウ、鸚鵡《おうむ》の鸚もアウ、中央の央もアウ。これらが、あうと書いて、発音はオオとなったのがすなわちこの戦国末なのである。それと一緒に、かうがコオとなったから、親孝行の孝・行も、共に、仮名はかう・かうで、発音がコオ・コオである。

同じように、さう・たう・なう・はう・まう・やう・らう・わうがそれぞれソオ・トオ・ノオ・ホオ・モオ・ヨオ・ロオ・オオになったのである。

ひとり直音《ちょくおん》にのみ起るものではない。直音に起ったことは、同様に拗音《ようおん》の上にだって起るから、同じ時にやはり、きゃうがキョオになり、しゃうがショオになり、ちゃうがチョオになり、にゃうがニョオになり、ひゃうがヒョオになり、みゃうがミョオになり、りゃうがリョオになってしまうのである。

であるから、東京の京が旧仮名遣は、きゃうであるが、読むにはキョオとよむ。須田町・神保《じんぼう》町などの町の字も、仮名はちゃうであるが、読むには、須田チョオ・神保チョオ・茅場《かやば》チョオ・蠣殻《かきがら》チョオの類である。この『仮名はこうだ』ということは、『古典時代の仮名遣ではこう書く』ということで、古典時代に、こう書いたのは、古典時代はそういう発音だったから、そう書いたものだったのにすぎない。古典時代の人には前に仮名がなかったから、前例とする仮名遣がないので、発音するとおりを自由に書いただけで、今から見ると、まさかと思うような書き方であるけれど、これが当時の発音のままなのである。今日から見るから変に見えるまで、カウカウといったから、かうかうと書き、テフテフといったから、てふてふと書いたもので、あの時代としては、ちっともおかしくはなかったはずである。

さて、国訓では、『人に逢ふ』が、人にオオと発音することになり、『物を買ふ』が、物をコオというようになり、『あがなふ』がアガノオに、『ねがふ』がネゴオに、『向ふ』がムコオに、『相撲《すま》ふ』がスモオに、『舞を舞ふ』が舞をモオになって来たのである。

第二にouがooになった例

こう(公・工・口)——コ　オ
そう(僧・宗・宋・走)——ソ　オ
とう(東・登・等・豆)——ト　オ
のう(農・能)——ノ　オ
ほう(封・奉・峰)——ホ　オ

もう（蒙・毛）――モ　オ
よう（用・容・庸）――ヨ　オ
ろう（籠・弄）――ロ　オ
きょう（共・恭・恐）――キョオ
しょう（松・勝・升）――ショオ
にょう（女）――ニョオ
ひょう（氷）――ヒョオ
りょう（龍・陵）――リョオ
ちょう（重・澄・寵）――チョオ
国訓でも、追ふ――オオ、乞ふ――コオ、添ふ――ソオ、向ふ――ムコオ、思ふ――オモオ。

第三にeuがyooになった例

えう（幼・夭・遙）――ヨ　オ
けう（教・叫・橋）――キョオ
せう（召・小・少）――ショオ
てう（蝶・朝・調）――チョオ
ねう（尿）――ニョオ

へう（豹・表・漂）――ヒョオ
めう（苗・猫・妙）――ミョオ
れう（料・了・聊）――リョオ
ゑふ（酔）――エウ――ヨオ

こういうことが、どうしてわかるか、といえば、中世は、仮名遣の乱れた時代であるのに、この末期へ来る前までは、すなわち鎌倉時代から足利時代の半ばに至る三、四百年は、誤ってもその誤り方は、まだ、これらの音の混同がないから、それがわかるのである。ところが、この末期からの仮名の誤り方が、これらを、どんどん混同してゆくから、ちょうどこの境が、これらの音の混同期であるべきことが、はっきりと推測されるのである。

それだけではあるいはまだ不安であるかも知れない。ところが、この推測を裏書きする精確な史料がちょうどそこに出現するので、もはや少しも疑問がないのである。

精確な史料とは、戦国時代の末に、長崎へ来朝した南蛮人《なんばんじん》すなわちポルトガル人の吉利支丹《きりしたん》文書《もんじょ》である。日本人へ吉利支丹の教義を説くため、日本語を研究して日本文法を書き、辞書も作り、日本語で基督《キリスト》教を説く『吉利支丹教義』というローマ字書きの本をも作った。それを見ると、すっかり、以上のような事実が、露疑うところなくローマ字書きで精密に写されているのである。

なおつまびらかにいうと、同じオオの発音になったものの内でもauからオオになったものと、ouからオオになったものの間に、当時はまだ少し開きがあって、アウがオオになった場合の方は、オウがオオになる場合よりも、口のひらきが少し大きかったように書き分けがしてある。これが一つになってしまうのが江戸時代で、戦国末にはまだ区別があった。このことを裏書きする事実は、日本の現代方言中、越後《えちご》の一部と隠岐《おき》方言などにあったはずである。

当時の音韻組織では、頭に立つはひふへほは、Fの音だったこと、当時の音韻学者は、マ行を脣音重《しんおんじゅう》(23)、ハ行を脣音軽《きょう》(24)としていたことからわかる。

清濁の区別意識はようやく明瞭になって来たが、清音と濁音とは全く同音だったと見えて全く同じ文字で書き、ただ点を加えて書き分けることがだんだん起って来た。サ行がsならザ行はz、タ行はtならダ行はdであって、今日のようにシの濁りとチの濁り、スの濁りとツの濁りとが一緒になってはいず、これが一緒になるのは次の第四期の江戸時代である。

それは前期の吉利支丹文書に、Ji（ジ）・zu（ズ）とgi（ヂ）・zzu（ヅ）とを書き分けているのでわかるのである。

四　第四期　近代日本語

江戸時代の約三百年

徳川氏の覇業《はぎょう》から、江戸が全国の政治的中心となって、国語史上、また一つの大きな時代を劃成《かくせい》する。

もっとも、関東の地は、以前、鎌倉が一度政治の府となったけれども、それはまだ小規模なものにすぎなかった。今度は全国を糾合《きゅうごう》し、三百諸侯が参勤交代して、国の隅々から来住する盛大さであったから大変な相違である。さて戦国時代の末から起って、昔の言葉と現代の言葉とを分つ大きな音韻《おんいん》変化、すなわち畿内《きない》や、関西地方に、アウ及びオウが、どんどんオオとなって行ったあの変化に対し、江戸の方では、アイ及びオイがどんどんエエになって行くのであった。いわゆる江戸ッ児の、痛いをイテエ、這入《はひ》るをヘエル、面白いをオモシレエ、ひどいをヒデエの類、大概《たいがい》をテエゲエ、心配をシンペエ、兄弟をキョオデエ、川柳子は、俳諧《はいかい》をもヘエケエにしてしまう。

ヘエケエに行くよとせがれぶらり出で。

であるから、又、アイという返事もエエになってしまい、ハイという返事もヘエになってしまう。
『行きな』・『来《き》な』へ、やさしく、いを添えて、『行きない』・『来ない』というこの「い」は「よ」の軽くなった形であるから、これが添うと、少し柔かになるのであるが、やっぱり早口にいって、『行きねエ』・『来《き》ねエ』・『飲みねエ』・『食ひねエ』・『江戸《えど》っ児《こ》だってね、すし、食ひねエ』の流儀である。

この『江戸っ児だってね』の『ね』も、古く溯《さかのぼ》ると『契《ちぎ》りきな』・『花のいろは移りにけりな』・『汝は平家の侍《さむらひ》よな』・『家にして我は恋ひむな』・『あはれに忝《かたじけな》う候《さうら》ふな』などの『な』で、関西では、『これがな』・『さうしてな』、の『な』、また、『う』をつけた形の『なう』から『喃《のう》』になって『これがのう』・『そしてのう』となるのに、関東では、『な』は荒っぽく、やはり、いを添えてやさしく『これがない』・『さうしてない』といったものらしく、福島県下などには今も『ない』があって、『なあ』というより、ていねいになる。宮城・山形へ行くと、それが、ネエになっているから、多分江戸っ子の、『これがね』・『さうしてね』の『ね』も、『ない』の早口にいった形であろう。

関西に、なとのとあって、関東になとねがあるわけである。

しかし、『ねえ』や『へえ』などは別に意味のない、単なる間投詞《かんとうし》で、皆こういうようになったから、慣れてしまったが、テエゲエだの、ヘエケエだの、痛テエとか、ヘエルとか、いう発音へはまだ上流・中流は合流しない。

アウがオオになる方は一時代前からの、しかも京都人士のした発音故に雅醇《がしゅん》なので、アイがエエになる方は、関東人の起した、しかもまだ新しい変化である故、雅には聞えない。音韻変化としては全然同種の相互同化であるものの、新しい変化というものは大抵、子供や非知識階級が先頭に立って、文字階級は、文字を通じて牽制力《けんせいりょく》が働くから保守的で、いつでも後から随うものである。大概《てえげえ》・心配《しんぺえ》の類は、文字階級がついて来ないから訛《なま》りの印象が強いのである。

なおハヒフヘホの音が、FからHに移ったのも江戸時代の初頭で、しかもこの発音の移推は、江戸人の方から始まって、拡がって行った状態が、やはり吉利支丹文書ではっきり辿《たど》られる

それればかりではなく、サシスセソのサ行音も、吉利支丹文書で見ると、「さ」「す」「そ」だけがsで、「し」と「せ」とはshの音だった。そういえば、今に至っても、九州・四国はなお更、関西一体によくセをシェという。シェンシェ、ありまシェンなど。しかもこれは、関西のみならず東北も実はそうである。シェンシェ流儀なこと、東北一般皆そうである。（もっとも青森へ行くとシェンシェから、ヘンヘェになってしまう）。そして見ると、せをセというの

は、江戸を中心にそうなっていることがわかる。すなわち江戸人がshをsにして来たものらしい。その証拠に、シをさえも、普通はshで書くけれど、江戸前のイキ筋の人々の発音には、『替り合いまして』・『心配いたしましたわ』など、siの音になっている。どうもあんまりシーシーとshの音をたてるのは、少し栃木・茨城式になるような気味がある。

こうやって、京人の口の端にかかっては『関東べい』だの『江戸のべいべい』だのといわれていながら、隠然たる勢力、そのいうことが、冥々《めいめい》のうちに、伝播《でんぱ》して京畿《けいき》の発音の上にまで感化を及ぼしていたことがわかるのである。

なお、江戸の初期、国語の音韻組織の上に生じた大きな変化が二つある。

その一は、二種のオオが一つになったことである。

二種のオオとは、先刻述べ、只今も述べた戦国末、京畿の発音の上に、アウがオオとなったのと、オウのオオとなったのとを指すのであるが、この二つのオオが、吉利支丹文書によると、同じオオでもその間に開、合の相違があって、アウから来たオオは幾分広く、オウから来たオオの方は幾分狭かったようである。それが江戸時代になってついに一つになってしまった。この点は、東洋文庫刊行の橋本進吉博士著『吉利支丹教義の研究』につまびらかにその考証があるから、参照されたい。

今でも、越後の長岡方言などに、オウの方はオオと発音し、アウの方はアーと発音して、この区別が存していることである。こういう方言は、室町末期の面影を今に残存しているわけである。

その二は、今日のように、スの濁りとツの濁りとが区別を没し、シの濁りとチの濁りも一つになってしまったことである。

『吉利支丹教義の研究』によると、戦国末には、まだこの区別がある。それが区別なくなるのは、江戸時代であるが、これは京畿がさきか、関東がさきか、わからないけれど、すでに述べたように、言語・発音の変化には総じて、東国がさきんじて、西国は保守的であるから、この混同も、ひょっとして江戸の方がさきで、京畿がおくれてそうなったのではないかと思われる。日本の西南には今なお存していて、東国には東北の果てまですっかり区別なくなっているから、東国の方が先鞭《せんべん》をつけたものと頷《うなず》かれる。土佐・薩摩などには、今なお室町時代の区別がほのかに残っている。

富士と藤　Fuzi——Fudzi

次郎と治郎　Ziroo——Dziroo

これが混同の時期はすでに元禄以前にあったようで、それは、元禄頃のものに、よく辿《たど》られる。

元禄八年の『蜆縮涼鼓集《けんしゆくりようこしゆう》』や、ほぼ同じ時代の人、有賀長伯の談を筆記した『以敬斎口語《いけいさいこうご》聞書《ききがき》』を引いて、示されたところに拠《よ》ると、元禄頃には、一般人は、一つに発音してその区別を没してしまっているので、ていねいにその区別を説いているのに、両書共、その説き方は極めて正確であるばかりでなく、濁音の前に鼻音が出ること、今日の東北人の発音のようなのが当時の標準的発音だったことまでよく窺《うかが》われるのである。

さて、江戸時代は太平が続いて、宗教・美術の生活を豊富にするものがあり、また学問・文学の興隆があって、知識のレベルが高まる。それにつれて漢語・仏語が、生活の中に取り込まれて、国語の語彙《ごい》の上にも著しい進歩があった。

それに、鎖国令は敷いても、中国人と和蘭《オランダ》人をば差し許していたから、ここに長崎を通じてまた唐音の輸入があった。後期唐音である。こんどの唐音は、明人・清人の発音であるから、厳密には、明音《みんおん》・清音《しんおん》である。ミンとかシンとかいうのがすでにそれである。ペキンとか、シャンハイとか、ニンポーとかいう類《たぐい》の発音である。

それにも増して、新しい刺激と興味をもって迎え入れられたのは、オランダ文化とオランダ語であった。これ以前のポルトガル及びスペインに、キリスト教関係及びそれに附随する語彙が多かったが、オランダ人は、その代りにエレキであるとか、ブリキであるとか、カンテラであるとか、ズックであるとか、デッキであるとか、そういう珍しい器具や機械、科学方面の語彙を多く我が国に伝えた。

文法は、江戸時代になると、もう現代とほぼ同一で、例えば、代名詞も、もう今のと同じ形のものである。

第一人称は、『おれ』が老弱男女、身分の高下に限らず、最も一般。今日、田舎で、女子でも『おれ』という地方がたくさんあるのは、この江戸時代の名残を止めているものである。『わたくし』も現われはしたが、女子の大へんよい言葉であった。

第二人称は親しいところには『おぬし』(男子)が用いられた。

その他、『こなた』『こなさん』『そち』『そっち』『そなた』など皆婉曲《えんきょく》にいっているが、更に婉曲にていねいなのは「お前」で、これは、大へんよい意味だった。主人や、夫へ向ってもそういえた程。今日田舎で、お前様などいう代名詞が、最高級の代名詞であるのはこの意味を伝えているのである。

敬語法には、ていねいな語法がいよいよ発達して、自称・対称・他称、いずれの場合の動作でも、例えば「ある」ならば、ていねいには『御座る』といい、何人称の動作に限らず、ていねいには、その動詞の下へ、「まゐらす」の転じた「ます」を添える。従って、『御座ります』という形も生じて来て補助動詞に使われ、『で、ござります』『で、ございます』『で、ござんす』『でごわんす』『で、ごあんす』『で、がんす』『で、ごんす』『で、がす』『で、ごす』『でげす』、又『で、あんす』『だんす』『だす』、又『であす』『でえす』『です』にまで発達する。中世の末、「で候」から出た「です」がちょっと現われて消えたあと、この「です」が「でえす」から出て、現代にかけて大いに用いられる。こうやって歩々現代語に近づいた。

かくて江戸文化の爛熟《らんじゅく》と共に、江戸文学の誕生を見るに至る。

今まで文学といったら、都の言葉で綴られるだけであったのに、ここに至り、『東《あずま》なまり』『関東べい』が初めて、文学語として登場したわけで、三馬《さんば》・一九《いっく》などいう人々によって、国語史上に、江戸ことばが、画期的な一生面を打開したのである。これが、すなわち今日の東京語をかくあらしめるに至る尊い先蹤《せんしょう》であった。

五　第五期　現代日本語

明治・大正・昭和の時代

明治二年、都が移って江戸が東京となるに及んで、万葉集の東歌《あずまうた》以来、東方の方言として、一千年、常に都人士のよい笑い種となって来た東言葉《あずまことば》が、時移り星替って、今では、新日本首都の言葉として、中央標準語を継いで立つ重大使命を負うようになったのである。国語史、二千五百年来の異変である。どうしてこれがよく間に合うことが出来たであろうか。

江戸三百年の昇平《しょうへい》は、黙々として大東京の言葉をそだてつつあったのである。その次第を考察して見る。およそ、『江戸人・東京人』のみの知らないこと、ほかは、共通にどこでも知っていることがたった一つある。そして実にそれが東京語を三百年間そだてていたのである。ではそれは何か。『ふるさと』『故郷』というものを心にもっていること、これが何県の人にもあって、『江戸人・東京人』だけにないことである。この『故郷』というものは、誠にけっこうな所であって、また実に不思議《ふしぎ》な排他的・保守的ないっこくな所である。殊に言葉においては。

半年も東京へ出ていて、帰って郷里でうっかり東京弁を出しでもしたら、生意気《なまいき》だとかきざだとか、たちまち白眼視されるところは人間の故郷である。

　これに反して、三年も四年も東京に出ていたにかかわらず、郷《さと》に帰って丸出しに郷里の言葉をつかったら、どんなに故郷の人々に喜ばれるか。たいていの郷里というものはそうなのである。ひとり鹿児島のみではない。東北のズーズー弁の郷里でさえも、そうなのである。いい言葉をつかおうとしても郷里はそれをさせない所なのである。

　大江戸は、そこへ行くとがらりと変って、別天地、天空海濶《てんくうかいかつ》の世界である。どうせ皆他人同士である。ここで会うと、一切そういう掣肘《せいちゅう》がないのみか、お互いここで本当の丸出しの国《くに》訛《なま》りを出し合ったら、全く通じないばかりか、どっと笑われてしまうかも知れない。それでは物をいう目的が達しない。だから江戸または東京で物をいうには、郷里にいるような何の懸念《けねん》なしに、銘々《めいめい》は、できるだけ、国訛《くになま》りの余り極端な所はひっこめて、無益な爆笑を予防する。すなわち今日でもお互い経験するところであるが、何としても国にいるときとはちがって、ちっとでも他所《よそ》の人にわかるように、配慮をしながら物をいう。この、銘々の人の物いう上の小さな配慮、これが大したことなのである。

　ただこれが積って、こういう広場の言語というものが聞きよくなるのである。北海道がそう。奥州《おうしゅう》から、あっちへ行くと、東京へ近くなったように言葉がよくなる。つまり、共通語を銘々が作り上げることをするからである。

配慮は小さなもので、決してそれによって、その時にその人の口に上った言葉は必ずしもそうそうりっぱなものではないが、各人のこの配慮が数百年と積り積るところに、大きな効果を作り上げるのである。

東京語とて、本来は、武蔵野の一隅の地言葉にすぎないはずの言葉が、こうして江戸から東京へ、三百年の殷賑《にぎわい》の中に少しの注意が、都市居住者をしてある点に踏み止らしめつつ、この郡部がべいべいいっている間に、それとはカッキリちがう聴きよい音、美しい諧調《かいちょう》、隠然として日本の標準語となりつつあるこの魅力を作り上げたのである。

こうやって東京語の完成された所へ、明治二十年代、文学者の側から声が挙って、言文一致の実現となり、由来大きく大きくなって来た言文乖離《かいり》の弊害《へいがい》がこれによって救われると共に、擬古文をもって最も立派なものとのみ考えて形に囚《とら》われていた旧思想を洗滌《せんでき》して初めて新時代の文章を生じるに至った。

それでも最初はまだ、語尾だけが言文一致で、文章の技巧などは、ややもすれば文語脈になるものだったが、明治四十年頃を境として自然主義の作風が、カラリと文章の技巧を一変させ、本当の言文一致の新文章を生んで、勢いのおもむく所、ひとり、小説の文章に止っていずに、詩の上にまで及んで、いわゆる口語詩の運動となり、更に大正・昭和の新短歌、すなわち和歌の上にまで言文一致が実現されて来て、ここに、東京の地言葉というものは、完全に、国語の文学語となり、言文共に、事実上の全国共通語を実現するに至った次第である。

その間に、まず語彙《ごい》の方面では、あらゆる接触民族の文化と共にその単語を取り容れて消化した。英語は、江戸時代の末年、アメリカの黒船を迎えて以来、殊に、明治初年の欧化主義を通じて、洪水《こうずい》のように国内に横溢《おういつ》し、猫も杓子《しゃくし》も、英語を知らないことを恥とするような、さながら、イギリスの植民地のようだと非難されるほどに立ち至ったが、フランス語・ドイツ語・ロシア語等は漸次《ぜんじ》追ってこれにつぎ、日々の新聞雑誌にも、市井《しせい》の店頭の看板にも、片仮名書きの西洋語に突き当たらずに通れないほどになっている。

漢語については、明治初頭の教育が、漢字・漢語の知識を出発点としたから、いきおい漢学者にまつ所も多かったので、漢音ばやりになってしまう。維新の大業が緒について、万般の仕事が新規になるのに、一々の名称や術語や、新しく作られる語は、漢字・漢語をもってする方が簡略でもあり、知的にりっぱでもあるから、社会に夥《おびただ》しい漢語の氾濫《はんらん》するのをいかんともしがたかった。

制度が出来る、文物が殖える。それについて、多々ますます増加するものは漢字の新熟語である。どうも永い習慣上、漢語はりっぱで、同じことをいうのに純粋な国語でいうと、長い上に不精確で、卑俗にさえ聞えることをいかんともしがたい。この感情の存する限り、漢字・漢語の氾濫《はんらん》はこれを抑制することができないようである。

日清戦争後、中国崇拝の旧習から、目覚めはしたものの、漢語から来る知識的高圧の前には頭が上らず、有識階級は自縄自縛《じじょうじばく》に陥っていかんともしがたくなっていたのに、教育が普及し、女子の知育の高まるにつれて、女性語の中に漢語が奔流してしまって、すっかり男子と同病に落ちてしまい、小学校のみは冒されずにいると思う間に、また、農村だけは、と思っているうちに、最近は、有識階級がやや自覚して言葉直しに憂身《うきみ》をやつす頃、小学校や農村へ燃えうつり、今や地方青年団や労働階級へ盛んに延焼しつつある。

このような英語・漢語のおびただしい消化にかかわらず、文法上にはほとんどなんらの変更も影響も受ける所がない。代名詞に、随分漢語が入って、拙者《せっしゃ》だの、尊公《そんこう》、貴公《きこう》などが、江戸時代から現代の初頭まであったが、それに代ったのは君、僕、我が輩などの漢文直訳体から受けた感化であるが、第三人称に『彼女』、『彼氏』などいうのは英語のsheとかMr.の直訳から来たもので、かように、直訳体の表現が一味生新の味を喚《よ》んで新時代に迎えられるふうがあって、文章上にも随分それがある。『豈浩歎《あにこうたん》に堪《た》ふべけんや』『夫然《それしか》り豈《あに》夫然らんや』何をいってるかわからなくなる、そんなのや、『事ほど左様に大きい』『何とそれは美しくあるよ』など。かような表現形式について、あるいは漢文や英語が、国語の文章法にまで影響を与えていると解する人があるが、それは大間違い。これらは表現の修辞的な、すなわち、レトリカルな影響であって、文法的な、すなわちグラマチカルな影響ではないのである。ありとある国々の単語を摂取しながら、文章法即国語法の根幹は、毛ほどの変更をも来さずに生長して来た。

活用については、平安時代以来の九種の活用が今や四段活用と一段活用との二つに統一されようとし、その一段は又、ラ行四段化の方向を取りつつあって、遠く四段活用一元化に向って動いており、形容詞活用は、口語では、ク活用も、シク活用も一つになって、完全に活用の一元化が完成している。

かように、一方では、雑多を統一しつつ、一方には又、単純を複雑化せしめ、敬語法の表現が、敬称と謙称との他に、恭称《きようしよう》、あるいはていねい称ともいうべき言葉遣いを、だんだん精密に発達さして、ほぼ文法組織化し、国語の特徴をいよいよ鮮明にしつつあるのである。

補

建国以来、国語は、色々な外来要素を取り込んで太って来たが、特に漢語の摂取・同化はほとんど際涯《さいかい》を知らず、新しい観念を表わそうとする場合、純国語によるよりは、漢語の方が、簡単に新熟語が出来てすぐ間に合って、しかも立派に聞えるところから、人々は、純国語を軽視して来た。そのために、純国語の発達は止まり、ことにその造語力は衰えて用をなさず、漢語の洪水を来してむずかしい、言語・文章になって、この面、その弊害《へいがい》が極度まで進みつつあった。

それに、いずれの国にも免れがたい古今の発音の変化が、毎度仮名遣問題の擡頭《たいとう》を見つつも、海に囲まれた我が国では、まだ西洋諸国語ほど大きな変化ではなかったために、どうやら古代語のつづりで教育されて、日常の国語生活が、他国に例を見ない古代語つづりで継続されていたのである。

現代の国語教育は、それがために、十五年を費やし（先進の国々は、二・三年、四・五年）ても十分とは行かなかったのであるが、戦前までは、それでも少数者のほか、国民はあたり前のことに思って少しもこれを怪しまなかった。

終戦後、アメリカの教育使節団が来て、八年の義務を終えたものが新聞も読めない事実を実験して見て一驚を喫《きっ》し、言語改革の必要を忠言して来た。ここに、上田万年《うえだかずとし》博士以来の文部省の改革意見が、時を得て、新仮名遣法の案と、漢字節減の案を、たちまち実行に移し、一方ではまず、勅語をはじめとして憲法が口語化され、一切の法律文も官庁の出す一切の文書も、みな口語化されることとなり、大新聞がまた率先して、新仮名遣と漢字の節減に歩調を合せ、国語簡易化の機運が一般の間にみなぎって起り、ここに、現代国語史の上に今や一転期を画しつつある。正に、新日本再興の基盤である。

第二　規範文法から歴史文法へ

芭蕉の句の文法的な誤りというものを問題にして、芭蕉ほどの人の句が、文法にちがっていたら、文法の方が、それをも含む法則を発見すべきであろう、と論じたことがあった。そしたら、さる方面の権威から、『しかし文法は規範なんだから誤りはやっぱり誤りだろう』と注意があった。『文法即規範』という命題は、そのまま通るものであったのかと今更に反省して、どうも、ボップの比較文法、グリムのドイツ文法の類は、純然たる科学的研究であって、あの人々は、人を拘《こう》束《そく》する規範を建てようと意図したものとは思われないし、我々も、アイヌ文法や日本文法を書きつつあるが、唯々《ただただ》真理を発見しようと念じるけれども、人を拘束しようというような念慮はどこにもない。では一体、文法とは、いかなる『法』であるか、考え直して見たいのである。

私の考えている文法は、論理的よりはむしろ歴史的、幾何学的よりはむしろ民俗的なもので、これを通して、やはり具体的な国民性・民族文化というようなものへ突き当る所のあるものでなければ、本当の国語の法則科学ではないと思うものである。

どうも、多くの学生・生徒は、文法は面白くないという。文法の先生はその理由を説明して、『国文法の材題が誰も毎日経験するありふれた事柄だから仕方がない』という。なるほど、英語・フランス語など、外国語のような『珍しさ』はなかろう。しかしそれなら、植物学や動物学だとて同じことだ。どうせ身辺の草木や魚や虫の話なのである。だが、こういう博物学の方は、溌剌《はつらつ》たる新知識の目を見張らすものがあるのは、この日常身辺のものの中に、厳《おごそ》かな自然の法則の一貫する事実に当面させるものがあるからではないか。

文法だとて、そうあって然るべきはずなのに、今の所は規範、すなわち、軛《くびき》にだけなって、くだくだしい規則の諳唱に終始するから興味がないのではなかろうか。

文法を博物学などのように、溌剌たる好奇の目を欹《そばだ》てしめ、新しく頭を傾けて考え込ませるような、刺激的な新知識たらしめることは全く出来ないことであろうか。単なる軛に終らせずに、もう少し知的な滋味のあるものとすることが出来ないものであろうか。棒諳記のほかに、少しは納得の行く、折角の伝統の文化に、多少の関心をもたすこともあるように、改造することが、必要なのではなかろうか。また、そうすることが出来ないことであろうか。

昔の学ぶものであった身になって、今日の文法に一つの注問を投げかけるのが、この小篇の目的である。

一　言語現象の二面性

言語とは何ぞ。

およそ言語の名で、まず我々に思い浮ぶことは、

音声の上に実現されるあの口から耳へ訴えて来るいわゆる口頭の言語活動

である。もっとも、これを言語というならば同じ性質の活動——

文字の上に実現されて我々の目に訴えて来るあの筆頭の言語活動

も一緒にしてよい。なぜなら、この二つは、口頭と筆頭との差だけであって、共に、我々の『表出《エクスプレッション》』という有意運動であり、相ならんで人間の言語活動の全容をなすものだからである。

だが、この意味の言語は、つまびらかには言語表出である（もっとも表出する行為と、表出される文言とから成立する。この文言はすなわち言語表現だ）。

言語表出 ｛ 行為＝言語行為
　　　　　 文言＝言語表現

言語表出は、いずれにしても直ちに我々の耳目に触れて来ることである故、言語現象中、

まず我々の注意に上るものである。が、しかし、言語現象は、決してただこれだけからなるのではないことを注意しなければならない。

なぜなら、人類はかような有意運動によって、思想感情を思い思いに表出して心的交通を遂げるが、しかし、各人各様の心を、思い思いに表出して、それが何故によく他の人々にわかるのであるか。

各人は、その顔が皆ちがうように、銘々《めいめい》全く同じ経験内容をもつ人がないのである。それなのに、その思い思いの表現がよくお互いの間に通じることが出来るのは、一体何によるのか。

それは、同じ国民、同じ民族の間には、共通な言語慣習が養われていて、それが人々の間を媒介するからである。お互いの表出は、この習慣に基づいてのみ行われる。この習慣が共通だから、それでいうことがよく互いに通じるのである。この共通な言語習慣の事実が、また日常簡単にただ言語とだけいわれて通っている。例えば、日本民族の言語である日本語、中国人の言語である中国語などいう時の言語がそれである。

この時の言語の意味は、すなわち、それぞれの民族のそれぞれの言語慣習の総和を指していうことである。

なお英語といい、ドイツ語といい、フランス語といい、朝鮮語といい、アイヌ語といい、皆同様に、それぞれの民族の言語慣習の事実の全体を意味する。

この意味における言語は、もはや活動でも運動でもなく、社会的な黙契、民族的制約であり、その組織体である。すなわち、同じく言語といっても、この意味の言語は、つまびらかには言語体系である。永年の間に培われた、それぞれの民族の文化財の一つであって、精神的伝承の事実である。

およそ、国々の辞書や文典が書いている問題はこの言語体系の事実である。すなわち、辞書は、言語体系中の切れ切れの事実を記述し、文典は、言語体系中の規則的な方面を記述している。では、この言語体系の本質は、元来どのようなものであるであろうか。

言語表出の方は、耳に触れ目にはいる事実であるのに反して、言語体系は、心の中の事実であって、脳裏の存在であるから、目にも止まらず、耳にもひびかない、観念的事実である。どうしてそういうものができるか、といえば、生れ落ちてから我々は、我々をめぐる周囲の言語活動を経験して、一語一語を習得し貯蓄し来った結果にほかならないのである。

我々の周囲がミミといったからミミと覚え、ハナといったからハナと覚え、一語一語、こうして、頭へ貯金をして来た。

もっとも、耳をハナと皆がいっていたらハナと覚え、ハナを皆がパナといったらパナと覚えたであろう。可否善悪を問わず、周囲がそういう、それ故に我々もそういう。ひとつひとつがただ伝承的な約束である。こうして前代から伝承して脳裏に成立する。この社会的触約がすなわち言語体系の事実である。

もっとも、目にもみえないものを、どうしてそういうものが脳裏にあると、わかるのであるかといえば、それを活用して物をいう、その表現を通して、そういうものがお互いの間に習慣的に成立していることを知るのである。

すなわち言語表出が行われて言語体系が成るのであるが、また言語体系があって、それを運用する所の言語表出が行われるのであるから、この二つは同一言語現象の表と裏である。そのうち、耳目に触れる言語表出の方は表であって、心の中の事実である言語体系の方は、その裏であるが、この裏の事実の方が言語の本体であって、これを運用する言語表出の方はそのあらわれであり、その用《はたらき》である。故に用としての言語、体としての言語の差にすぎない。換言すれば同じ言語の中に、言語ということ（活動）と、言語というもの（材料）との各半面に他ならない。

言語表出の方の形式は、時として音声であり、時として文字であり、また時として信号旗、時としてトンツー、また時として判じ絵でさえあり得る。故にごたごたしたものであるが、これに反して、本体である言語体系の方の形式はすっきりしたものである。

それは永年経験した音声経験から各自の頭に出来上ったところの再生表象に他ならない。

すなわち、もはや音声そのものではなくして、音声観念である。これが、言語体系の形式で、これに連合する事物観念が、その内容すなわち意義を成す。

術語で、かような音声観念を我々は特に音韻と呼び、その内容の意義に対立させる。すなわち言語というものは『音韻《おんいん》と意義とから成る符号の体系である。』

以下言語とだけいう場合は、こういう意味の言語、すなわち、言語体系をいうのである。

二　言語の伝承性

言語というものの濫觴《らんしょう》は、人類相互の心的交渉上、必然の要求から発したものであろうから、言語現象の全体の中には自然的発生のものもあろう。

しかしながら、人類言語が、もしも、徹頭徹尾、自然的発生のものに止まって、それ以上に出なかったら、どんなことになっていたはずであろうか。

そしたら、我々の言語も、一々習得するまでもなくひとりでに覚えられ、物の言い方も、一人前になる内に誰も出来、自然にそういい出す程度の範囲に止まるから、それを聞けば聞く方にその意味がすぐにわかって、恐らく方言の差も時代語の差もなかった。いや、国語の差さえもなくして、同一人類は地上到る所同じ鳴き声をしている牛・馬・犬・猫のように、大抵同じような声を出していたはず、そしてそれは変遷《へんせん》することも出来ず、いつまでも変ることがないので、その有様は、いつの代の烏《からす》も大抵カアカア、いつの代の雀《すずめ》も大抵チュチュチュチュいうようなものだったかも知れない。

そしたら言葉はただせいぜい術であって（学でなく）、従って言語学も文法学もなしに済んだのであろう。

しかしながら、自然にわかる音声などは、そうたんとあるわけがないし、言いたい心の内容の方には千差万別限りがないから、人間は、たとい、初めは自然にわかる程度だけで物をいっていたにしても、じきに、自然にわかる声だけに頼っておれなくなったはずである。あらん限りなことをして、様々な心の内容を言い分けようとするから偶然のことから理解されたというような頼りない仮初めの音でも、理解のためには余すところなく利用せねばならなかったにちがいない。殊に、たとい偶然でも一度理解の成立した音声は、次回にそれを利用すると前回の記憶がこれを助けて、ごく容易に理解がつくのである。そういう長所のあるのを捨てておけない。だから理解が自然に必然的に生じるものも、偶然生じたものも、そんなことを問わずに、どしどし役に立つものを皆役に立てて遺憾《いかん》なく利用したはずである。この一度用いられたものを、次回に二度これを用いるということ、ここにそもそも『伝承』の起源がある。故に人類言語は、起源は自然に発しても、発達段階に入るにつれ、だんだん自然の軛《くびき》を逸脱してしまったはずなのである。そして一歩一歩伝承に俟《ま》つところのこの人間的な恣意的《しいてき》な傾向を深くして進んで、とうとう一にも伝承、二にも伝承、全く今日の伝承的言語になってしまったのである。だから言語というものは自然に始まって自然を出で、論理に始まって論理を超え、超自然的・超論理的な存在になってしまったわけである。

この意味から、実は論理的文法というのはねらいがわるい。また音義説というものがあって、語源を自然的に尋ねようとするのもねらいがいけない。

三　言語の流動性

言語が自然性のものだったら、勝手に変化することが出来なかったはずであるが、禽獣《きんじゅう》の鳴き声とちがって我々のは伝承性のものである。この、自然的ではなくして、伝承的であることが、人類言語の特性である。

自然的なものから一転して伝承的なものになった結果は、どういうことを生じたか。禽獣の自然声から、人類の伝承的な言語となるということは、必然の軛《くびき》から脱して、ひたすら伝承にまつ、伝承次第ということになるから、伝承次第、どうにでもなれるという自由な世界へ解放されることになるのである。言い換えると、変化を許されなかったものから、どしどし変化し得る性質を賦与《ふよ》されてしまうということなのである。すなわち、自然声が人類言語となるということは、岸に繋《つな》がれていた舟が、流れの面へ向けて纜《ともづな》を解かれるということにひとしい。

換言すれば、人類言語というものは、生じるとすぐに限りない流転の浪の上へ宿命的にさらされたということである。変化また変化、その変化からまた更に新変化へ、かくして永遠にやまない不断の変化の道程に就《つ》いたものが人類言語の運命である。

これのみはいかなる力も塞《ふさ》ぎ得ない。

どこの国の国語でも、上代語・古代語・中世語・近代語・現代語と名がついて、それを区別するゆえんである。

断えざる流動の姿こそ言語というものの天真の相である。ちょうど、流れるとも見えない大川の面を見るようなのが言語の永遠の姿である。

試みにその流れを汲《く》んでみると、平安時代九種に分化していた活用がだんだん時勢と共に推し移り、誤る・訛《なま》る・乱れて行くと見えていながら、子細《しさい》に見れば、変格をば整理し、二段活用をば一段活用に、すべてを唯二つ、四段活用と一段活用とに淘汰《とうた》しつつ、どうやら、その一段活用をば、ラ行四段活用にして、全部を四段の一つに整理統一しつつあるのである（琉球語や朝鮮語は、とうにそうなっているように）。

こうして見ると、この流動の進みこそ、個人を超越した大きな動きで、いかなる天才もかつて夢想だにしなかった雑多を整理する統一の作業を完成しつつあるのには、何人も驚嘆を禁じ得ない。

だから言語の変化は言語の発達であり進化である。変化をよそにしては言語の生命がない。変化を肯定することによって、初めて生成発展する言語の真生命が髣髴《ほうふつ》して来るのである。

ところが、我々はしばしば知らず識《し》らずに、言語のこの変化を否定する間違った態度に出ることがあるものである。例えば国家百年の大計として画策される仮名遣の問題に頭から反対する声の如きもその一つである。

言語の永遠の変化を肯定するなら、このような反対はできるわけはないのであるが、世間の多勢が、今なお依然としてこの反対の声を収めない。

どこからこの重大な誤りが来るか。

最も大事な国語教授の教室の中にこれが芽ぐむのである。実用文法に養われた規範意識から抜け切れず、教室を出てもなおどこまでも我々を支配して禍根を成すのである。否、頭が白くなってまで、教わった規範意識のもとに囚《とら》われる人間の弱さ、目を放って、言語のこの大綱を会得できずにいることが多い。大事なこと故、私はたったこの点からでも、文法教育を少し替え、ひたぶるなる規範意識から、竿頭《かんとう》一歩、言語の歴史性へ観入させるべきであると思う。すなわち規範文法から、記述文法へ、更に記述文法から、歴史文法へ。

四　文法論の対象

言語の形式は、音韻《おんいん》で、内容は、意義である。ところが『言語というもの』それ自身、観念的なものであるから、その音韻も、意義も、観念である。すなわち音韻は音声観念、意義はそれに連合する事物観念に他ならない。『音韻と意義との結合』に言語が成立するもので、これを離れ離れに取離しては、言語を成さないのであるが、研究法上の便利から、音韻だけを切離して研究するものを音韻論、意義だけを取離して研究するものを意義論という。言語学の第一歩はまずこの両面をそれぞれ明かにした後、初めてこの両面を備えている言語体系の構造の考察に入る。これを言語学の形態論とする。

文法とは何ぞというと、この言語体系の構造中に一貫して存する普遍的事実、すなわち法則である。文法論はすなわちこれを取扱う学問である。

しかるに言語体系は、社会的・民族的事実であって、事実、徹頭徹尾、個人の個的事実ではない。その意味において、言語体系の構造は、原則としてまず普遍的な事実である。普遍的な事実ということは、言い換えると、法則的事実であるということである。

たとい個々の単語でも、それが一度成立して社会的に行われるようになったとすると、もう普遍的存在になる。ただ個別的な一語一語の語源は、ひとつひとつ特殊事情から成立する故、これを除いては、言語体系は、挙《あ》げて文法学の対象となる。特に組織・構造に関しては、音韻論及び意義論は言語を壊して観察をした分析的知識である故、文法論の予備知識ではあるが、それ自身文法論ではない。また文法論は両面を綜合《そうごう》した考察で、分析した一部を見るものは文法論の一部となれないのである。

もっとも、いわゆる文法に実用文法と学問的文法とある。ただし、これは決して全くちがう二種ではない。ただ実用文法は実習を目的とする教育的啓蒙《けいもう》的文法論である故、初学の知識であるにすぎない。

初学の実用に際しては、文法論はその陥る誤りを正す規範となるだけで、この規範的権威は、いわば初学の誤りに対してだけで、それは法則の「用」である。法則それ自身としては本来二つはない。たまたまそれへ規範力が付くわけは、やはり、そういう法則の存在が学的に真実だからのことである。だから、根本において実用文法も、学問的文法も、普遍的法則を取扱うものであることに変りはない。

すなわち学問的文法は、事実存在した法則の発見記述をするものであるが、その法則は実習に際しては規範化するまでである。すなわち真実であるが故に規範となるのである。

ここに文典の規範性は事実をきわめた真実さから来る。換言すれば『唯々《ただただ》真故《ゆえ》に正』となるまでである。

では文法論は、やはり、何が『真』であるか、現象を真に支配している法則の学であるに過ぎない。『規範文法から記述文法へ』の指標は、すなわち単に『実用文典から、学問的文典へ』の進展に他ならない。

五　規範文法から記述文法へ

国語学に関する限り、世上よりも、役所が先に立つのは、上田万年先生以来の伝統であるが、中学校の初年級に口語文法を課するに至ったことも、例によってなかなか思い切った進歩である。

文法といえば、文語文法を説き、口語などは文法に合わない、誤謬《ごびゅう》や訛《なま》りの充満する仕方のないもののごとく考えられがちなものである。ところが、中等学校の生徒にとっては、口語ならば、日常りっぱに使って何の不自由をもしていないのであるから、そこへ百ページくらいの口語文法を授けられても実は実用上には別にたしにはならないのである。それを課するのは、もはや、『正しく読み、誤りなく綴る』より以上のものでなければならない。すなわち植物学や動物学を教えるのと同様に身の廻りの対象へ反省を加えて、漠然《ばくぜん》たる知識に組織を与え、精確な科学的な目を開けさすことでなければならぬ。

動物学をやったとてどじょう一匹巧みに捕えるようになるのではない。植物学をやって大根一本よく作るようになったとも聞かない。それでよいのである。同様に口語文法をやったとてあの活用を教わって作文が上手になったとか、助詞・助動詞の二、三の例を見たので口がよくきけるようになったとも聞かない。それでよいのである。すなわち、口語は誰も不自由なく用を便じているから、あれほどの文典からは少しの実益をも受ける所があるわけのものではないのは当然のことである。すなわち経験内容の知的整理以外のものではない。

文語文法になると、事情は全然ちがう。文語は毎日話している言葉ではないから、ああいうふうに教えられないと、間違って解したり綴ったりするからである。文典はそこでそれを訂《ただ》す規範となるのである。

文典が規範となるのは、元来そういったような場合なのである。ヨーロッパで、中世に死語になったラテン語を重んじ、それを書いたり読んだりするのに間違うから、ラテン語文法は純粋たる規範文法だったのである。

日本でも同様、平安時代の古典の言葉遣いの研究から我が国の文法が始まるものだから、その文法は直ちに正しく古典を読み、正しく古語を綴るための規範文法だったのである。すなわち古典語学習の教科用の実用文法だったのである。

これらの惰力は、文法を規範文法としてしまって、文法というものそれ自身規範の性質をもつものと思わしめたのである。

この『文法、即、規範文法』だった学習時代の延長が、知らず識らず、生涯の国語知識となったことは、一方、恐るべき惰力だった。

つまり、教室で習った国語の規範は、およそ日本の国語の永遠の規範でもあるような気持を植えつける。学習中はそれが必要なことではあるが、ただしそれは学習の場合だけのことであるのに、人間の弱さ、うっかりすると、習性となり、生涯抜け切れぬことがあるためである。すなわち、我々の学生時代に、あの教室で教わった古典国語の仮名遣を知らず識らず万古《ばんこ》不磨《ふま》の仮名遣と誤認し、これを改めんとする新空気が生れると、例えば、キョウ、キヤウ、ケウ、ケフをキョウに統一するなどということがあると、それは、日本の国語を紊《みだ》るもののような気がするのである。しかしよく考えると言語の変遷に処する当然の施設で止むを得ないことなのである。平安時代の人もそうやったのである。それに対しては、国語を紊るものというように誰も考えないが、実は、eとyeとの区別を没し、iとïとの区別を没し、そのままどしどし書いてあの国民文学の黄金時代を現出し得たのである。

本当の古典時代を手本にするなら、その形骸《けいがい》を固執《こしゅう》する代りに、黄金時代を現出したその精神、その活動を学んで、一つになったものをば一つに統一して、明郎豁達《かったつ》な新時代に即する、生き生きした新標準を樹立すべきである。

規範文法というものは、とかく、こういうように大抵「古典語の文法」の場合であって文法という文法が必ずしも全部そうなのではない。少くとも、他に記述文法といって、法則の発見記述を目的とする文法があるはずである。現に我が国の諸家の努力は国語の記述文法の建設へまっしぐらに進んでいるのである。

記述文法は、一方説明文法に対立する。説明文法になると、縦に時代の流れに沿うて語形の変遷《へんせん》を順序立てて説明を与える。そのためには、あらゆる時代語や方言の資料を渉猟《しょうりょう》して比較考察を重ねるものである。

記述文法はそこまでは行かず『かく在り』という立場で、横断的に処理して、あえて沿革にわたらない。つまり初めから立体を一目に見せようというのはむずかしいから、まず平面を見せるために、ひとつづきの現象を横さまに切断して、断面図を示すのが記述文法である。すなわち今日の口語文法は、現代口語の横断面であり、文語文法というのは古典国語の横断面である。

横断面といって悪ければ、時の干渉《かんしょう》を離れてすべてを、一目に見た共存の姿において説くのである。それ故に、いかに移ってその姿になったかの問題には一切触れない。ただありのままを平面的に叙述しようとするだけである。

雑然として共存する複雑な現象を、一目に見渡せるように眼前へ展開させるには、この方法によるのが一等かんたんでよいからである。

だから、この方法は教育上の手段、もしくは叙述上の便利に出ずるものであって、仕方がなくそうやることなのである。

しかし、いつの代でも、言語は流動中なのであるから、今きざしかけの事実や、いま動揺中の事実、いままさに消えようとして瞬《またた》いている事実などがあっても、在りのままに告げずに皆固定しているもののごとく看《み》なさせるきらいがある。

少くとも、少し溯《さかのぼ》って説けば、よく説けそうなことをも、故意に目をつぶって溯らなかったり、事実が溯ることが出来ないために、わからないまま、ただ現われた形だけでもって筈《はず》を合せるに止めることも避けがたい。

これが記述文法の惜むべき欠点である。

記述文法に徹するためにわざと事実に目をつぶってしまい、手段のために真実を棒に振ってしまう憾《うら》みを覚えるのは、例えば、こういうことである。普通に、

『行けり』『笑へり』『摘《つ》めり』

等々の類を助動詞の「り」が已然形へ付くのだと説くのであるが、これなどは明かに、

『行きあり』『笑ひあり』『摘みあり』

であって、ただそこへ音韻変化が起り、i-a>e になったまでのことである。この『あり』が助動詞化して存在態を表わしたのが事実であるのに、もし、そう説くと溯源《そげん》的になって、記述文法の立て前に反するからといって、そうは説かないのである。

しかし、『已然形へ「り」が付いた』という説明の明かなる誤りは、この時の「け」「へ」「め」は、同じケヘメでも、[55](甲類)祁《け》計《け》雞《け》家《け》、幣《へ》蔽《へ》、賣《め》馬《め》面《め》の方であるのに、已然形の「け」「へ」「め」は、[55](乙類)氣《け》開《け》既《け》、閇《へ》背《へ》併《へ》、米《め》迷《め》の方で明かに仮名が違うのである。この点では、同じ「け」「へ」「め」でも『命令形のは(甲類)祁・計・雞・家、幣・蔽、賣・馬・面の方だから、同じくは、命令形へ「り」が付く』と説く方がまだ事実に近い。けれども何故に、『命令形』へ「り」が付けば『存在態』となれるのか。思想上この連絡が付かないから、国文法は若い者の理性を満してはくれない。つまらないものになってしまうのである。漠然《ばくぜん》と考えている子はそれでもそれなりに受取るが、少し突込んで考えるような頭のよい子には失望を与えて、ために文法を興味索然《さくぜん》たらしめるのは歎かわしい。何とかして日本文法を、今少しく潑剌《はつらつ》たる青年の頭脳をも満し得る理性的なものに改造することが許されないものであろうか。

六　記述文法から歴史文法へ

すでに述べたごとく、言語というものは、時代から時代へ不断に変遷《へんせん》をする。従って、それを支配する法則、すなわち文法的事実もまた変化をするのである。

されぱこそ、記述文法の所説に我々の満足し得なかった理由がある。記述文法はただ記述するばかりで、しかも往々事実を枉《ま》げさえもするが、少しも説明を与えないから、実に、記述文法から一事を学ぶごとに『それはなぜだろう』という解け難い新疑問に逢着《ほうちゃく》するばかりだったのである。

それにもかかわらず、現時の文法諸大家は、文法といえば、即記述文法であるかのごとくに構え、あくまで塁《るい》を高うして共時的立場を守るに急で、少しく構造の分解に説明が入ろうとすると、『それは語源である。文法は語源には入るべきではない』として、我々の要求を故意に斥《しりぞ》けるのである。それで好いのであろうか。それが間違いではあるまいか。少くとも、中等学校までの文法は、それで好いとしても、高等諸学校の文法では、今少し説明文法に入ってくれて好いのではあるまいか。

その理由。第一に、言語を固定したもののように思わせて、すでに述べたような偏狭な誤った規範意識に導く恐れがある。第二に、横断面を示そうとして、ひとつづきの現象を強いて横断する結果、故意に真実に目を塞《ふさ》いで事実に違う説明をすることの非。第三に、どうせ言語というものは、歴史的存在で、溯源《そげん》的論議には入るまいとしても、また入らずにいるつもりであっても、およそ言語に関するかぎり、説明したら、必ず多少とも溯源的になること、例えば、『書こー』『行こー』『取ろー』と口でいっていることを、『書かう』『行かう』『取らう』だと教える類。こう書くことがすでに、口でいう『書こー』『行こー』『取ろー』の原形に溯《さかのぼ》っている。『書きましょー』『まいりましょー』を、『書きませう』『まゐりませう』だと教えること自体が既にまた、この『しょー』の史的事実に溯って書いている。『書いて』『書いた』は『書きて』『書きたり』の音便だと説くことも、もちろん溯源的言議になっている。いや、標準的仮名遣に従わせること、そのことが、すでにいわゆる歴史的仮名遣、すなわち、溯源的な書きようをすることなのである。

これらが、溯源的だからいけない、というのではない。かように言語の問題は、どうしたって全く溯源的になることを避けようとしても、避け得ないものだというのである。どんな記述文法でも、言語を取扱うかぎりは、知らず識《し》らず言語の歴史へ立入るもので、そうならずに言語を取扱うことはできないはずだというのである。

そういったからといって、文法と語源論と区別がないというものではない。文法は法則的事実、普遍的事実であるのに、語源は、一語一語にかかる個別的歴史である。故に、文法学は語源を事とすべきものでないこと、いうまでもない。しかし、文法は決して溯源的言議をしてはいけないということではないのである。ここを峻別《しゅんべつ》しなくてはいけない。

語源というのは例えばこういう類である。髪刈機械のバリカンを我々がなぜバリカンというか。イギリスでは clippers、アメリカでは hair cutter 等々、どこでもあれをバリカンと呼ぶ所はない。ただ明治二十年代に、あれが初めて横浜へ来た時に、それはたまたまパリーの Bariquand 会社製のもので、マークに、その銘があったから、初めは職人達は、バリカン会社の髪刈機械の意味で、下を省略して、バリカン、バリカンと呼んで、ついに普通名になってしまったものである。

また何故に、細君《さいくん》を山の神というかというに、もとは貶称《へんしょう》、すなわち悪称である。『花子』という狂言に、ある大名が花子と呼ぶ白拍子《しらびょうし》にうつつを抜かしている。ある時花子が『奥様に知れたら大変ですよ』というのに応《こた》えて、『ムム山の神などはどうしようと構わない』といい掛けて幕になる。それは当時の信仰に、里の神は若くて美しいが、山の神は年上の醜女《しこめ》であろう。それを物蔭で聞く妻が、これはひどいと怒って飛び出して、やるまいぞやるまいぞと追う。それは当時の信仰に、里の神は若くて美しいが、山の神は年上の醜女《しこめ》で悋気《りんき》深い気むずかしやであると思われていたからである。その信仰は、今でも田舎の婆さんなどには遺《のこ》っている。それは春田打の舞に、まず里の女神が、種卸《たねおろ》しから、田植・草取・稲刈・穫《かり》入まで、手振りよろしく舞い収めて、こんどは、山の神になって仕舞《しまい》になる。その山の神の面といったら、醜くふくれた真黒な大きな怖いものなので、私どもも子供心に、わっといって逃げ出すものだった。そして田舎の人は、そういう気むずかしい女神だから、山入りする時には精進潔斎《しょうじんけっさい》してつつしみ、うっかり山の神の機嫌《きげん》を損《そこ》ねると怪我などをする、恐ろしい神とされているのである。

また何故に人を悪口するのに、へちゃむくれというかというに、あれは外道《げどう》の面のいわゆる癋《へしみ》から来ている。すなわち、へし（み）むくれ・へちむくれが、へちゃむくれと訛《なま》って来たので、そのへしは、押し合い擠《へ》し合いの『擠し』である。泣きかけて押しこらえるのをべそをかくというが、癋《べし》み面《づら》は、神に征服される土地の精霊のいやいや服従する表情で、不平を押しころして結んだべそぐちである。不満にふくれながら、いやいや従うむくれつらを罵《ののし》って、へしむくれ・へちむくれ・へちゃむくれとなったのである。

一語一語に、こういう個別的な由来があったはずで、それが本当の語源である。文法学はこういう個々のことには触れるべきではないこともちろんである。

しかしながら、構造を分析して説明することは、その一語のみの問題ではなくして、共通の問題であるから、文法学で触れてさしつかえがない。なぜなら、それは個別性ではなくして、普遍性、すなわち法則的事実に属して来るからである。

そこで、『書こー』が『書かう』であるということは、構造の問題で、同様な『行かう』『聞かう』『説かう』『泣かう』等々と連絡して来る共通な構造の問題で、個別的な語源とはちがう。『ませう』でも、『でせう』でも、その仮名遣を示すことは構造を説き明かす方の立派な文法問題になって来るから、文法で説くことが当然なのである。

それ故にまた、『行けり』の類が、実は『行きあり』なのだと説いて聞かせることも、構造の説明であって、文法書に説いて少しも悪かるべきはずのものではないのである。

進んで、『ます』は、『まゐらす・まらす・まつす・ます』となった形で、『見ます』はすなわち『見まゐらす』、『送ります』はすなわち『送りまゐらす』等々であることを説き、また『ぬ』は『逝ぬ』の意で、『散り過ぎぬ』は『散り過ぎ逝ぬ』、『月傾きぬ』は『月傾き逝ぬ』である等々と説く類は、語源というよりは文法形式の構造の説明で、文法で説いて不都合なはずはないのである。

こうすることによって、文法学を単なる箇条の諳記から救うて、少しは若いものの理性をも満す文法学に改造すると共に、徒らに『記述』の壁を高くして、真実に目を塞《ふさ》ぐ不誠実をも脱し得る新体制ではなかろうか。

ただし、かくのごとき歴史的文法は、これまで最も見事に仕上ったのは、ただ白人の言語の研究だけである。それというのも、インド・ヨーロッパ語族に古い言語資料が存在したからである。ラテン語及びギリシア語の紀元前の資料から、もっと遠く同族の言語のサンスクリットが、信仰の経典をつづる五千年前の言葉を伝誦《でんしょう》していたために、今から遠く五千年まで溯《さかのぼ》って比較をすることにより、更にこれらの諸国語に分れる以前の共同の形まで溯って、およそ八千年ないし一万年の遠い古代の言語を目に見るように再建することができた。だからインド・ヨーロッパ語族の言語に関しては、つぶさに古い語尾や語幹の意味までも説明することができたのである。

こういうことが、直ちに我々の国語の上に期待されようとは思わない。不幸、我々の方には、そういう古い言語資料が存しないし、我々の国語と血を分けた姉妹語というものも発見されていないからである。

我々の最古の言語資料は奈良時代の文献である。千二、三百年を溯るにすぎない。

我々の親近語は、朝鮮・満洲・蒙古・ツングースを含むいわゆるアルタイ族の方面にあるかも知れないけれど、それさえあまりに悠久《ゆうきゅう》な歳月を離隔《りかく》して過ぎたためか、親近関係があるといっても、ほとんどないにも等しい薄いもので、根本的な単語の一致が見出されないくらいであれば、比較研究の上には、何のはかばかしい成績も挙げ得ない現状である。

それではつまるところ、我々の国語には、比較の方法による、新しい研究は絶望であろうか。遺憾《いかん》ながら、少くとも今日では、まだ絶望のほかない。

これがそもそも我が国における国語学が、専門学者の熱心な営みにもかかわらず、インド・ヨーロッパ語学のような見事な成績を挙げることができずにいるゆえんである。

しかし、精密な方法をもってすれば、あらゆることが資料となるものである。幸いなことには千二百年でも溯れる上に、全国にはまだ無数に方言が残っている。この方言の中には、古い発音や、語法を偲《しの》ばせる幾多の貴重な事実がひそんでいる。殊に琉球《りゆうきゆう》方言は、島々に限りない差異があって、最南端の宮古《みやこ》・八重《やえ》山《やま》諸島に及ぶのである。

琉球方言は、色々な点から見て、明かに奈良時代以前に分れた古い方言で、インド・ヨーロッパ語族に照したら、姉妹語ほどの相違が中央語との間に発生しているのである。さしずめ、琉球方言などは最も貴重な比較研究資料として取上げらるべきである。この比較考察から、日琉分岐《にちりゆうぶんき》以前の語形へ溯り得る可能性があるのである。

一方は、国内の文献的資料の精細な検討と、これらの方言的資料の精査とで、我々の狭い路を進まなければならないが、そこに、狭いながらに我々に残された唯一の進路が見出されるのである。これが記述文法から、一歩歴史文法への我々の一縷《る》の希望である。

七　音韻論と文法論との交渉

記述文法では、音韻論《おんいん》はほとんど交渉がないが、説明文法になると頻繁《ひんぱん》密接な交渉をもって来る。しかもひとつひとつの問題について、そのどこまでが音韻変化で、どこからが形態変化か、それをはっきり区別するのでなかったら、説明文法の説明を科学的にすることができない。それ故に、音韻変化の限度を見極めることがまず必要である。

その見極めは、果たしてつくかどうか。

私はかつて、拙者『國語音韻論』でこれを試みた。つまびらかにはそれに譲って、今はその大綱を挙げるに止めるのである。

さて音韻変化には、その中に、二種類がまず区別される。その一は、全然機械的な、純然たる生理的な変化で、一般に、いつでもどこにでも起り得るような変化である。子音《しいん》の同化の、例えば同じ「三」も、三年、三枚、三月によって［sannen］［sammai］［sangatsu］と響く類の変化である。

その二は、ある言語のある時代に生起する、もしくは生起した音韻変化の類である。

この歴史的に起る音韻変化こそ、歴史的に生ずる形態変化に紛《まぎ》れるのであるが、どこに差別があるか。すべて音韻変化は、意味に関係なしに、ほんの発音上の生理的な関係において生ずる変化であるのに、形態的変化は、意義あるいはそれに伴う任務に応じて変る変化である。前者は機械的なものであるのに、後者には心理作用の活動が与《あずか》って惹起《じゃっき》されるのである。

例えば、同じ語が、行《ゆ》-か・行-き・行-く・行-けと変っても、これは形態的変化であって、音韻変化ではない。なぜなら、か・き・く・けと変るのは立派に意義・任務につれての動きであって、決して全然同じ意味での変化ではないからである。ただし、

行《ゆ》く→行《い》く
行《ゆ》きて→行《ゆ》いて
差して→差いて
善　く→善う　　善　き→善い
宜《よろ》しく→宜しう　　宜しき→宜しい

の類は音韻変化である。ただし『善し』（終止）を『善い』というのは、形態的変化である。なぜなら、近代語において一般に、連体形の勢力が氾濫《はんらん》して、終止形をも占領してしまったからで、それはまたなぜかというと、元来、頻出《ひんしゅつ》する形は、稀《まれ》にしか用いられない形を圧倒してしまうところの、いわゆる類推作用という心理作用が働く結果なのである。またその結

果二段活用が一段になってしまったのである。すなわちなぜ二段が一段になったかというと、頻出する連用形が氾濫して、まず連体形及び已然形を侵犯した結果『るる』『るれ』が、『れる』『れれ』となったのである。

下二	忘-れ	-れ‖	-る	-るる|	-るれ|	-れよ
下一	忘-れ	-れ‖		-れる|	-れれ|	-れよ

ところが、その連体が終止を犯して同形とする故に、

	忘-れ	-れ	-れる	-れる	-れれ	-れよ

となって一段化を完成したのである。

賀茂真淵翁[25]が初めて『活用』に気がついて、各段へ名を与えて『言初むる声』『言動かぬ声』『言動く声』『言助くる声』といったその『言助くる声』は、オコソトノホモヨロヲの段をいったのだった。行コ・書コなどと活用すると思われたのである。それを谷川士清《ことすが》翁[26]が、『第四段は俗語の格だから』といって省《はぶ》かれたのは正しかったが、それよりも、行カウ・書カウのカウ（kau）が、kau＞koo＞ko となった純音韻変化だから活用形から省くといったら一層厳密でよい。

昔の人は、行か・行き・行く・行けと活《はたら》く形をもって、意味に根本的な変りがないものだから、音韻変化と誤認し、これらの事実から帰納して、カキクケコ相通とか、五韻相通とかい

ったのは、音韻論の一大失考だった。つまり音韻変化と、形態的変化とを峻別《しゅんべつ》しなかったことから来る。

カキクケコ相通では、音韻変化は、あまりにも無軌道になって、法則を見出しがたいことになってしまい、それでは、音韻論が科学的に建つことが不可能になるのである。

八　音韻変化の法則

古往今来、国語の上に現われた音韻《おんいん》変化のありとあらゆる場合を参照して、たいがい、左のような箇条に要約して見ることができようか。

一、音韻脱落
二、音韻同化
三、音韻交替
四、音韻転倒

この四つを順々に略述する。（くわしくは、筆者の「國語音韻論」参照。）

一、音韻脱落　には、同音の重出は、その一つを落すという法則がある。カハハラ（河原）が、カハラ、タビビト（旅人）がタビトとなる類。仮名で書いては不明瞭であるが、浪の音が、ナミノト（namino-oto, naminoto）となり、縫《ぬ》い糸がヌイト（nui-ito, nuito）となる類もこれである。いわゆる反切《はんせつ》(8)でできた語も実は、母音が続いたために、前の母音が脱落された場合に他ならない。例えば、あはうみ—あふみ（afa-umi, afumi）、てあり—たり（te-ari, tari）、にあり—なり（ni-ari, nari）など。

我が国のいわゆる音便《おんびん》の中にも音韻脱落がある。咲きて—咲いて（saki-te, saite）、よろしく—よろしう（yorosiku, yorosiu）など。

二、**音韻同化**　多少相近い性質をもつ音韻が続いて現われる際に、その一方が、一方に感化されて同音になってしまうか、又は一層近寄せられてしまう変化である。母音調和というやかましい現象も、元は母音の同化の強く行われた結果にすぎない。サ行四段に活用して敬相になるのに、思すが、オモハスといわずにオモホスというのも母音同化である。またサ行四段になって他動化する場合、亡ぶ—亡ぼす、及ぶ—及ぼすとなるのも母音同化であろう。子音では、盛りに、盛りなりが、盛んに、盛んなりになるのは「り」の母音が脱落したら、rがn行に接してn音になったのであるからまた同化である。連濁《れんだく》（有声化）、除声《じょしょう》（無声化）も続く音の影響で、その音と同じ有声音なり、無声音なりになる変化故、やはり同化である。

三　**音韻交替**　相近い音になり替ってしまう変化で、音には、国語にも時代にもよることであるが、意味の重要な変化なしに、その音だけいつしか替ってしまうことがある。それの出来る音群を我が国で通音《つうおん》[27]と呼び、通音の間に相通性を認めて、音韻相通[28]ということが喧《やかま》しく論議されて来た。古くはそれを五音《ごいん》[29]が通ずると称し、五音相通[30]と呼んだものである。五音とは七音《しちおん》[31]に対し、喉《こう》・顎《がく》・舌《ぜつ》・歯《し》・脣《しん》の五音のことであった。ナとヌとは同じ五音だと言い、ナとタとは五音相通だとは、共に舌内音《ぜつないおん》[32]だからである。ただ江戸時代の学者は、音韻変化と形態変化とを混同していたから、書カ・キ・ク・ケと変化してカキクケコは相通であると思った。活用は音韻現象と切り離し、語形態の問題として別に見るべきで、音韻相通の問題は全く相近い音の上に認むべきである。もしもカとキ、カとクなどのように開合《かいごう》[33]の極端に違った音が通ずるなら、およそ通じない音は考えられなくなり、音韻相通は意味がなくなってしまう。

然らば、いかなる音が相通ずるか。相近い音が通ずる。音が相近いとは何か。

一、発音位置の近似

二、音感の近似

のいずれかである。

一、発音位置の近似から、相通じて交替し得る音とは、すなわち脣内音《しんないおん》[34]同士 (p, b, m, f, v)、舌内音同士 (t, d, n, r, z, s, sh) 喉内音《こうないおん》[35]同士 (k, g, ng ……)、などがそれである。

二、音感の近似から、相通じて交替し得る音とはすなわち、鼻音[36]同士 (m, n, ng)、破裂音同士[37](k, t, p; g, d, b)、摩擦音同士[38](f, h, ç, sh, s, z)。母音の中では、前後の隣り合い程度で、a—e—i　e—i—u　i—u—o　u—o—a　o—a—e　及び　o—e　がすなわちその隣り合いである。

その他半母音と母音、すなわちyとi及びwとuとの間などにも音感の近似は認められよう。

国語における音韻交替は、ざっと以上の内で起るのではあるまいか。i a の間に起ったり、u a の間に起ったりするのは、よく見たら何か外的な誘因が必ずあって、単なる音韻変化ではないのではあるまいか。

四、音韻転倒　言い誤り・聞き誤りから引っくりかえる変化。これは訂正されはするが、なお多くの人々の誤るものである時は、変化が成立してしまうことがあるから、こういう変化も、予期してかかる要がある。つごもり——つもごり、ちゃがま——ちゃまが、あらたし(新)——あたらし(新)の類である。もっとも丸髷《まるまげ》をマルガミ(marumange～marungami)に至っては、髪《かみ》だと思って、ガミといってしまうのであるから、純粋音韻変化ではない。

九　形態変化の法則

形態の変化こそは、分類も不可能な多様さである。その内にもし分けて見るならば、知らず識《し》らず生ずる変化と、多少とも有意的な目的意識の活《はたら》くものとの二つに分けて見ることができようか。

(一)無意識的変化の内に主なるものを列挙式に挙《あ》げて見ると、

① 類推(Analogy)　一と口に類推というが、委しく見ると、三種の類推がある。

(イ) 多数への類推　ラ行変格の終止形が『あり』だったのに、『ある』となって四段活用になってしまったのは、四段活用は活用中最も多い活用だからである。ナ行変格がナ行四段活用になったものもそれで説明できる。

(ロ) 頻出《ひんしゅつ》への類推　すでに述べた二段活用の一段活用になった類、終止形が連体と同形に落ちた類がこの原理から説明出来る。

(ハ) 対遇への類推　「斯《か》く」に対する語は『然《しか》』であったが、『然《しか》く』という形を生じた類、『斯《か》う』に対する『然《さ》』が『然《さ》う』になった類。

② 合理化　語を用いる以上、知らず識らず語源を意識して合理的に皆が用いるから、互いに理解できるのであるが、語源が不明になると、知らず識らず民衆語源が擡頭《たいとう》して、そして合理化が活《はたら》くから、語形を変じてしまうに至る。マッサージを術と思うところからマッサージツという人ができ、煙突は立つものだからエンタツと訛《なま》られ、トラホームが目の病で、ト

ラホーメ。はなはだしいのになると虎目《とらめ》にしてしまう。蓄音器がキクオンキになるのは聴《き》くものだからで、伝染病がデンシン病になるのは、速く伝わるものと考えるからである。

③ **混交**（Contamination） 同じ意味の語が二つある場合、同時に思い浮べて混線をすることから生ずる。『とらえられる』『つかまる』から、『とらまる』が生じ、『やぶる』と『裂く』から『やぶく』が生じるようなものである。

④ **分化**（Differentiation） これは合目的的の大いに進化に役立つ変化である。一段活用を四段活用に変化させつつある動向など、各段の任務に応じて形を分化させようとする無意識の意力の活《はたら》く結果でなければならないが、そもそも上代に、行か・行き・行く・行け、望ま・望み・望む・望めなどのように四段活用を生じたわけ、そして四段の最も多い事実は、こういう合目的的な力の支配するものがあったことを想像させる。今日の方言でも、例えば略す、訳すなどの類のサ変が四段化（さ・し・す・す・せ・せ）するのなどにもその動向の存在を実証することができる。

(二)目的意識のある方の変化を分つと、修辞的な意識から来るものと、宗教的な意識から来るものとある。

① 修辞的意識から来るものに左のような色々なものが数えられる。

㋑ **譬喩**《ひゆ》 上機嫌なにこにこ顔を恵比須《えびす》顔（借りる時の——）、不機嫌なすごい顔を閻魔《えんま》顔（返す時の――）、大きなもの・強いもの・怖いものを鬼（鬼あざみ・鬼足袋・鬼婆・鬼夫婦）、美しいものを玉、あるいは花（玉だれ・玉ごと・玉だすき、花も実もある・花をもたす）という類。

㋺　提喩《ていゆ》　一部で全体（平仮名をいろは）、外郭をいって、中のを（殿・お室《へや》さま・女房）、容器をいって内容をいう（皿・椀）類。

㋩　換喩《かんゆ》　切っても切れない縁故のもので（故郷を墳墓の地）、その象徴となっているものでいう（サーベル・角帽・赤ゲット）類。

㊁　張喩《ちょうゆ》　印象的効果をねらってその特徴をうんと誇張するもの（万年青《おもと》・万年床・万年筆・万力・万燈《まんどう》）の類。『もし』を『万一』、『きっと』を『拳万《げんまん》』などいうのもそれ。

㋭　美喩《びゆ》　あまり美しくないものを美化していう。卯《う》の花（豆腐がら）・桜（馬肉）。

㋬　悪喩《あくゆ》　わざとおとしめてつよくいう。（豚児《とんじ》・荊妻《けいさい》・愚兄）の類。

㋣　婉喩《えんゆ》　じかにいわず廻して婉曲《えんきょく》にいう。斜めならず（「大いに」の意を）、少からず（「たくさん」のこと）、随分（「かなりに」）、非常（「はなはだ」）、今日いう『相当』も実は可なりなことを意味している類。

㋠　反喩　わざと反対にいってあるいはわざとほめて察しさせる。吉事（実は「凶事」）、正直もの（実は愚直者）、善良（実はやや馬鹿）、お人よし・おめでたい人等々の類。

② 宗教的な意識から来るものとは、忌《い》み畏《おそ》れる心から、普通にいうことを避ける為に言葉の形態が変化を受けるもので、これは、いわゆる禁忌《タブー》から来る言語の変化である。

昔から、斎宮《さいぐう》の忌詞《いみことば》、禁中の忌詞、寺院の忌詞、その外、山の忌詞、狩詞《かりことば》などいって一種特殊の語彙《ごい》が伝わっているのが皆それであり、宮廷女官の用いていたのが、下って民間の女性語となった、おかちん（餅）・おかべ（豆腐）・かもじ・ゆもじの類等々。この種のものは我が国には非常に豊富である。普通民間の語でも、例えば、『死』は人の畏れ忌むことなので、『逝《ゆ》く』『みまかる』『無くなる』のような語を生じたが、『死《し》ぬ』という形そのものさえも、実は換喩で本当にもとの語は何であったかわからない。平安時代婦人の実名のわからないようなものである。その『死《し》ぬ』の『し』は、実は『為《し》』であって、『死ぬ』の『ぬ』は『逝《い》ぬ』である。すなわち『死ぬ』は『為逝《しい》ぬ』というだけで、その意味は、直接に『死去』ということをいうのを略して、『してしまいました』で、『死去してしまいました』を聞かせたのが起りであるらしい。

妻は夫の名を口にすることが古代人にやかましい禁忌《きんい》だったから、その名残が、今は若干残って、『ね、あなた』『ね、お前さん』、人に対しても、『宅』『宿』『内の人』などという。

アイヌ人の間では、これが極度にやかましく、戸籍しらべの巡査に、『お前の亭主の名は何という』とどのように尋ねられても答えない。裁判官の前でもいわない。そばの人にいわせても、自分は決して亭主の名を口にしない。

蒙古《もうこ》になると、亭主の名が、熊太郎だと、もう生涯、『熊』という語がつかえない。虎吉へ嫁入ると、もう生涯『虎』といえない。ぜひいわなければならない時は、例えば『あの真黒な毛皮の畏《おそろ》しい神』『まだらな斑《ぶ》のある恐いもの』といった風な換喩を用いる。

こうして、婦人語というものが、知らず識《し》らずのうちに生ずる。子供は婦人の手に育つ関係上、それを使う。ここに、妻から夫に向って用いる語と、年少者から年長者に向っていう語と共通になる。これがそもそも敬語の起源である。

一〇　説明を与えたいことども一、二

国語の歴史文法の完成は、もちろん、早急に期待することはできないが、我々の念願とするところは、せめて高等学校程度に用いられる国文法になったら、そうそう無理に記述文法の立場にこだわるよりも、幾分説明を与えて理性をも満足せしめると共に、文法を煩瑣《はんさ》な規範の棒諳記から救いたいことである。

具体的な例を挙《あ》げて、説明を与えたい事どもの二、三を仮りに説明してみたい。

（二）　助動詞の「なり」

助動詞の「なり」を二つに分けて二つあるとするからいたずらに煩瑣になるのである。一つは連体につく指定のなり、一つは終止につく詠歎のなりと教えるが、活用も同じ、意味もほぼ同じ「なり」が、どうして二つであるのか。若いものには満足できない。

男のすなる日記てふものを女もして見むとてするなり——どこに意味の差があるかと疑う方がもっともだ。これを指定と詠歎に説き分けるのは、説明のための説明で、少しもぴたりっと来ない。学ぶ者の頭には釈然としないままに収める。そこに文法というものの頼りなさ、つまらなさが歎かれるのであるが、すなわち発生的説明を峻拒《しゅんきょ》する立前を少しくつろげて説明を与えたらどんなものであろうか。つまるところ——、

「なり」は名詞及び連体を受ける指定の「なり」一つである。『するものなり』『する（もの）なり』の「なり」を、も一つ利用して、『男のす』といふ日記てふものを、女もして見むとてするなり。同じことをまたこういう。『男のす』なる日記てふものを女もして見むとてするなり。こうして終止を受ける「なり」ができたまでである。括弧『　』内は（たとい終止で終っても）、一つの名詞のように取扱われるから、それでかような用法が生じ得るのである。ここは『しき』にあらず、『しく』なり、というと『　』内は名詞になる。それ故に、また我々は『いや』なりともいえる。『いや』です、『ヘン！』だ、『チェ！』だ、など、『……』だ、

で何でもいえる。『そこ退け』だ、『まっぴら』だ、私は『賛成』です、などだって実はこういう構造なのである。

秋の野に人待つ虫の声すなり

もすなわちまたこれである。『人待つ虫の声す』なり、といい成したので、『人待つ虫の声す』をかように、コーテイションで囲むような意味合でいったのだから、指定の「なり」ではあるのだけれど、幾分この表現には、感動的な味が加わって感じることがあり得る。それで、『詠歎のなり』などと名づけられたが、一つの語のかような転用であって、元来ちがったものではないのである。（追記、これは国大の松尾捨治郎教授が、既に国大で発表されたと聞く。）

（二）　助動詞の「けり」

同様に、「けり」の両種も、左のごとく説明して一つであることを明かにした方が、疑問が解けてよいと思う。活用から、接続から、どうせすっかり同じなんだから。

昔男ありけり
城陸奥守《むつのかみ》泰盛はさうなき馬のりなりけり
基俊大納言《もととしだいなごん》、別当の時になむ侍りける

これらの「けり」を『過去のけり』と名づけ、

昨日だに訪はむと思ひし津の国の生田《いくた》の森に秋は来にけり

吹く風の色こそ見えぬ高砂のをのへの松に秋は来にけり

などの「けり」をば、『詠歎のけり』と名づけて、別語のように取扱う。だから学生は、あっちにも「けり」があり、こっちにも「けり」があり、迷うのである。

これはやはり、同じ「けり」の用法の差で説いてこんな無益な戸惑いなどを起させぬ方がよいのである。

けりの『語源』はでなく、構造は、『き・あり』らしい。振返って詠歎する気持は「き」にあって、「あり」に存在態の心持がある。だから目前の風光を見て言えるのであり、気がつかずにいたが、気がついて見ればかくかくと振返る気持が、自然詠歎となるのである。時として感動の薄い時はいわゆる『過去のけり』、現在の風光、現在の心境にいう時は『回想のけり』(「気がついたらかくかく」のけり)といってよかろう。真理を悟ったときにもいって、決して過去とはいえないことであるが、それでもなお今の今まで気づかなかったが、気がついたらかくかくだという意味は失わない。

聞きてしも驚くべきにあらねどもはかなき夢の世にこそ有けれ

世の中にかしこき事もはかなきも思ひしとけば夢にぞ有ける

(三) 国語の自動、他動

説明をぜひ与えたく私の思うのは、古典を正しく理解するためにもぜひ必要と思う国語特有の融通性から曖昧《あいまい》になっている『相』の解明である。

西洋諸国語では、他動詞は第四格の目的語を取るからはっきりするのに、我が国では、そのことがないため、はっきりしないという故で、自動・他動をいわないことになったが、それでは『本を開く』と『花が開く』、『家を建つ』と『家が建つ』、これの違いを何と呼んで区別すべきか。境がわからないからとて区別を放棄すべきではない。

動・植物の境はやかましくいうとなくなるけれど、やはり動物といい、植物という。それでよいのである。ただ、区別しがたくなっているなら、そこを説明するのがむしろ文典の責任ではないか。

日本語の微妙な融通性から、『さらりとかわす言い方』『強く力を入れる言い方』が起る。それで、荒っぽい把《つか》み方では把みきれない細かさがある。

(一)さらりと軽くかわす言い方から来るもの。

① 使役の代りに他動詞を用いることがある。

『帰らして下さい』を『帰して下さい』
『通らして下さんせ』を『通して下さんせ』
『降りさして下さい』を『降ろして下さい』（電車やバスで車掌へ）

その他、普通にいっていることの中に非常にこれが多い。『髯《ひげ》を伸ばす』だって実は『髯を伸びさす』でなければならないはずのをそういう。

『涙を流す』だって、『涙を流れさす』ことに他ならない。『この間の火事で本を皆焼《や》いてしまいました』というのも、屑焼《くずやき》の屑を焼くように本を焼いたことではなく、火事でどんどん燃えて、焼ける本を焼けるがままに任して手が施せず、そのままになったことなので、つまびらかには『火事に本を焼けしめた』ことに他ならない。

『とうとう、親をうまく養い殺した』は、実は『うまく養って、死なした』ことで、親殺しをしたわけではないのにそういうのである。

② 他動詞の代りに自動詞で軽くかわす。

女郎花《をみなへし》多かる野辺に仮寝してあやなくあだの名をや立ちなむ

『名をや』だから『立てなむ』が相当なところを、わざと『立ちなむ』といい成すのは、自分の仇名《あだな》を有意的に立てるのではない。それにもかかわらず、結果においては、仇名が立つのである。それに自分の所業が仇名を立てるのではあっても、意思的に立てるのではなく、結果は名が立つので『立ちなむ』であるが、『名もや立ちなむ』では、少しも自らが責任がなくなるのである。この責任は自分にあって、しかし自分の有意的に立てるのではない。そういう所を自動詞を用いて、意味は他動的の無意思動詞なのである。自動詞で軽くかわしていい成すによって婉曲《えんきょく》になって意味が深化するのである。かような自動詞の他動詞化は『名を附いて』（「名を附ける」意味）や『御酒《ごしゅ》まゐる』（「まゐらす」すなわち進上する意味）などが出て来る。『申上げる』ことを『聞ゆ』と自動詞を用いていう言い方もある。『世の人光君《ひかるのきみ》と聞ゆ』（「申す」）、『御返《かへ》り事《こと》聞ゆ』（「申す」）など。

以上の二つを二段に実行したよい例は、

勝将棋煙管《きせる》の先で王を逃げ

もちろん『王を逃げさす』ことである。この使役を他動に、『王を逃がす』といえる。更にそれを自動詞で『王を逃げる』と来たのである。

③　所相《しょそう》(19)の代りに勢相《せいそう》(39)でいうこともある。

春の野にあさるきざしの妻恋ひにおのがあたりを人に知れつつ

『人に知られつつ』ということである。『人知れずこそ思ひそめしか』も『人に知られずこそ思ひ初めしか』の意味である。

『跡を絶え』『根を絶え』なども、『跡を絶たれ』『根を絶たれ』の代りに自動を用いている。

『敵に小勢に見えじ』も『見られじ』の意。

(二)力強く表現するために言い成すことの中に、

①　自動の代りに他動を。例えば『北風《きた》が、これへ真っ直ぐにあてますので、寒いのなんのってありゃしません』は、もちろん『北風が真っ直ぐにこれへあたりますので』というこ

とである。

紅葉吹き巻く山おろしの風
寄せては返す沖つ白浪
次の間に控へ居らう

これ等は、目的語は『自身』で他の何物でもないことが、言わなくても事情からわかるので、他動詞で言って少しも晦渋《かいじゅう》を来さない。どころか、これらを自動で『山降《お》りの風』『寄っては返る』といったら力がなくなってしまうのである。『鵯越《ひよどりごえ》の坂おとし』『とんだ人間がとび出した』『大軍が寄せて来た』『搦《から》め手から一散におとし行く』等々。

② 所相の代りに使役を。

内兜《うちかぶと》を射させて引退く
手勢《てぜい》をあまた討たせて引退く
肉を切らせて骨を切る
将棋は指させて指す

③「を」を附けて自動詞を他動化するもの。

人を逢《あ》う
母を別れて

国を去りて

ぼんやりと、自然に逢《あ》うのも逢うであり、自然に離れ離れになるのも別るであるが、有意的にするのが、『を逢う』『を別る』『を去る』である。もっとも『妻を去る』は、『短を去る』などと共に純然たる他動詞である。

天馬、空を行く。空を翔《かけ》る。空を飛ぶ。

路をとぼとぼ帰って来る。浜べの路をあるいて来る。

など、自動詞の動作をも、勢いをつけて、働きかけさせて「を」で表わすと他動化する。

結　論

今までの記述文法の、我と人と等しく遺《い》憾《かん》に思うことは、『廣日本文典』以後、目を開いて貰《もら》った西洋文法に捉《とら》われて、国語法の真相が歪《ゆが》められる傾向のなおあることである。例えば、数《ナンバー》を説くのに、西洋諸国語にははっきり数の範《はん》疇《ちゅう》があってのことだから、精確に説かれるのに、我が国には元来、数の範疇など文法上に存しないのである。それを強いて叙述しようとするから、よくできないで、結局、国語法の不精確さを印象づけるに終る。時《テンス》も同様である。向うではそういう範疇があって、そうできている言語であるから、整然と説かれるのに、国語にはないのであるから、説いて確かならず、国語の文法の成っていないというような、つまり国語の劣等観を培うにしか役立たなかったのである。

時《テンス》などは強いて説かなくってもよい。国語では、むしろ動作態・法を説くべきである。

文法は普遍的事実すなわち法則であるが、同時に文法は民族文化であるから、民族の個性によって成立するのである。

英語に英語の文法、日本語に日本語の文法、中国語に中国語の文法、アイヌ語にアイヌ語の文法があり、それぞれその個性によって成立つのである。

文化の認識は、その個性を見落しては無意味であるのに、今までの文法は、しばしば過度の普遍化の下に個性が見落されていた観がある。

急激な変化はいけないとしても、少くとも、徐々に、国語の個性に沿うて、その真面目を発揮するよう、国語法は独自の立場で説述されなければならない。

第一、八品詞・九品詞・十品詞[40]というあの品詞の分け方は、国語の固有の単語分類を排して、向うの衣類を取りつけたものだったのである。急に洋服を着て新しがったその面目を剝いで見よう。

なるほど、西洋語では、話部《パート オブ スピーチ》、すなわち、言語表現の分割は、形態論的単位たる単語そのものに到達する。

Ars longa, vita brevis.　（芸術は　永く　生命は　短し）
Cogito ergo sum.　（我思う　故に　我在り）
Man is mortal.　（人は　死ぬ）

すなわち『品詞、即、単語』であるからよろしい。

漢文も大体同じように行く。

朝聴道夕死可　朝に　道を　聴けば　夕に　死すとも　可なり

ところが、日本語では（トルコ語・満洲語・朝鮮語も）、言語表現を分割して到達する単位は語節であって、単語そのものではない。すなわち、助辞の附いたり附かなかったりする所の単位に到達するのである。これは一単語のこともあるが、二単語・三単語のこともあるのである。ちょうど、音節にあたるもので、音節が母音の一単音あるいは子音プラス母音の二単音から成って、実際の音韻《おんいん》単位を成すようなものである。音韻論の単音にあたる、形態論の単位は、それ以上分つべからざる単語でなければならない。

しかも、音韻論に、単音論と連音論とあるように、形態論に、単語論と連語論とあって、この連語論こそ、在来のいわゆる文章論に代って、語節を単位にして、その構成や任務や機能を講ずべきものである。

文の定義なども、主・述のあるのを完全文とする考えは、向うの動詞の性質に基づいたも

のであるが、こちらの動詞は違うのだから、そういう考えは止めて、その代りに、

一分節の文

二分節の文

を認め、主・述ある文を二分節の文といい、主だけの文や、述だけの文をば一分節の文と呼ぶべきである。

また西洋文法で触れないから、我が国でもあまり触れないが、敬語法のことは、国語の個性に関するからぜひ触れたい。

文化の進むにつれて、原始時代の禁忌《きんき》の感情から解放されて行くと、社交的礼儀の感情に高揚されて、絶対性敬語法から相対性敬語法に発達したのが、国語における敬語である。未開社会にも、夫や父への敬語法は発生しているが、絶対性敬語法で、尊称・敬称は、噂《うわさ》をする時でも附け、本人自身も自分へ附けることがある。

相対性敬語法になると、自分の夫や父のことを話すにしても、話す相手が身分の高い人だと、夫や父へ尊称・敬称をつけずに、かえって卑称をさえ用いる。そこがすなわち相対性であるゆえんである。

敬語の修辞法的使用から発生した一種の美称、すなわち、普通形（平称）に対するていねい形（恭称）の語法というものがあるに至って、敬称と相まって、

『いらっしゃいます』『まいります』
『あがりますか』『いただきますよ』
『おっしゃいました』『申しました』

のごとく、これによって『対称』と『自称』とを分化し、さながら人称法の役割をも果すのである。

名詞の上にも、『お嬢様』と『むすめ』、『おとうさま』と『父』、『御令息』と『倅《せがれ》』のように言い分けるから、修辞的から一歩、優に文法的領域へ進入している。

その他、日本の連用形や連体形が、連語論中で、ゆっくり触れらるべき資格がある。連用形の利用では、書き出す（始動態）、書きあげる（完了態）、書きかける（中止態）、書きすすむ（進行態）のような語法の、いわゆる補助動詞の語法もできている。

連体形は、普通の属性の外に、様々なことをその属性のような言い成しをして、微妙な言い廻しをしている。『母親は生れた手紙抱き歩き』は、その手紙の内容をもってその属性に言い成して聞かせ、『我が事と鰌の逃ぐる根芹かな』では、全く偶然起った出来ごと（根芹《ねぜり》を摘《つ》もうとしたら鰌《どじょう》がいて逃げ出したという）を、偶有的な属性として根芹を修飾しているのである。

こういう自由さが許されるのが国文法である。

所詮《しょせん》、文法というものも、一概に考えられるような乾燥無味な仕事ではなく、時としては、全く詩人のような豊かな感情、女性のような繊細《せんさい》な敏感をもって、初めて味識《みしき》され、初めてその真髄が発揮されるのである。その精確さが、国民の信頼をかち得る時に、著者自身何ら拘束するつもりで書いたのではないのに、やはり、おのずと拘束する力が附帯して来る。その意味で、よき文法書は、やはり規範的性格を持つのであった。ただし芭蕉のような、紫式部のような、また人麻呂や赤人のような人々の作を拘束する規範ではなしに、それらの人人の作に対してはむしろその表現の本当の味を味到《みとう》する指針《ししん》としての規範であることであろう。

(本篇は、昭和十五年八月、国語教育学会の講演草稿である。一部は『國学院雑誌』(十六年一月号)に、一部は『とほつびと』(同)に断片的に掲載したが、ここにその全部を登載した。)

第三　新国語の生みの悩み

一

国語問題が識者の関心をあつめて、学者といわず、経世家といわず、小説家・批評家・記者・教員、あらゆる有識層から一斉に論議され出したこと、今日のごときはいまだかつてない。国語学者多年の苦慮もようやく花咲く時に逢《あ》うというべきである。広く衆智をあつめて検討し、最善を尽して久しい間の懸案を解決すべきである。新しい国語の生みの悩み、この難関を一度突破することが出来たら、明朗快活な新生命を吹き返して、国語が洋々として海外にも普及するを得べく、もって世界の日本語熱に対処するゆえんの道ともあるであろう。

二

もっとも世間の国語論の声々の中には、また往々にして、ピントの少しはずれた論議もなくはない。例えば『現代ほど言語が支離滅裂なことがない』とか、『現代の口語は、文法を無視した破格が多くて困る』等々の澆季《ぎょうき》観がそれである。国語に関心を持つ限り、これも結構なのであるが、しかし、およそ『世が澆季になった』という老人の繰言《くりごと》は、いつの時代にもあることである。

元来言語は、国民生活の反映であって、健全な生活のある所に健全な言語があり、進歩的な生活のある所に進歩的な言語がある。『あれでもない』『これでもない』と、新表現・新単語のあとからあとから生れるのは、むしろ精神活動の潑剌《はつらつ》さ・活潑さを想わせるものであって、何ら憂うべき材料ではない。一語といえども必要のないものは生れる気遣い無く、生れても甲斐性《かいしょう》のないものはやがて亡び、生存の価値あるものだけが残って行く。価値が有るかないかは、国民の総意が決定して行き、皆が使わなくなるのは大体価値が無いのであり、皆が使いつづけるのは大体価値があるからである。一語一語の存在とその運命は使用する人々の総意にかかり、個人意識のよく左右する所ではない。いま、現代日本の国民的素質を、意気を、魂を、いやしくも信愛する限り、同じ国民の総意によるこの国語を、幾多の難点が時にあろうが、長い目で見たら、まず大体においては、向上の一路を辿《たど》っては、進展しつつあるものでなければならないはずではないか。

次に、文語は文法に合うが、いまの口語は文法はずれが多いということ、これはまた、たまたま文法書が遅れていることを意味するだけで、そのために口語が非難されるのは筋違いである。この非難はよろしく附箋《ふせん》をして口語文法家へ回送さるべきである。

なぜかなら、もともと文語は古典を模して出来た人工的言語であり、一々過去に標準を置き違《たが》わざらんことをこれつとめる。それだから文法書によく合うのである。口語の方は、連綿《れんめん》として口から口へ生きて伝わり、毎代全国民を産《う》み、かつ育《そだ》て、全国民は一人残らずこれを使って生き、これを使って活躍して、この文化を創り上げたのであって、これこそ言語の本流であり、生きた国語の創造的進化の姿である。だから、どしどし新しい文法を創《はじ》めて行くのである。文法家は、それを辛うじて見つけて、見つけ次第、記述して行くものであるから、いつも口語のどんどん先端を駈けるあとから、文法書はよちよちと追いかけているもので、さながらゲーム取りと球の運動との関係である。ゲーム取りの無能の故をもって球を非難するものはあえて当らない。

三

国民総意の所産である国語そのものの、全体として悲観するを要しないものであるとすれば、超個人的な社会的存在である国語に対し、小さな個人的理想や意見は、かざして見てもいかんともしがたいものである故、深く同胞を信じて、愛児の奮闘を見守るように、長い目で固唾《かたず》を呑んで見つめているべきである。それよりはただ少数者の考えによって、どのようにも変更される所の制度・政策の方面に詮議《せんぎ》の余地を残すのである。例えば国字問題、特に仮名遣法のごときそれである。

国字問題においては、漢字・仮名混用の現組織を一朝にして改変することは、不便であるばかりでなく、不可能である故、漸進《ぜんしん》的な漢字節減が方計として確立している。これは現実に即した不可避的のものであって、要は国民がいかに早く現今の苦悩からうまく蟬脱《せんだつ》できるか、一つに最大多数の自覚にまつのみである。それは『言う』のと違って『書く』のは反省の余裕があるから、皆が少しずつ気をつけてあまりむずかしい漢字を好んで使わないようにして行くことが要諦《ようてい》である。

第二の仮名遣案の方は、政府の力を試みるべき宿題であり、しかもその命令一下、たちまち解決できる性質の問題である。もっとも、一気に目と口との一致、すなわち書いた通りに読み、言う通りに書く純発音式までは行かなくともよいが、高所大所から処断して、徒らな繁文縟礼《はんぶんじょくれい》を撤廃すること、詳しくいえば、もちろん、古典や既成の文には手を加えず、今後の実用上に忍び得る限度で仮名遣の許容案を設けて比類なき困難を緩和《かんわ》することである。

では、どの程度をもって改訂の限度とするか。もしも全く発音通りにしたら、各地各様の方言に分裂している現状では、国語の統一の代りにかえって収拾すべからざる紛糾《ふんきゅう》を来すのみであるが、全国的に混同した所の変化を取上げて、これを統一的に書記する分には少しも支障を生じない。例えば字音の仮名遣のごときがこれである。すなわち字音のau、ouがooになっている結果、全国的に、コウ・カウ・コフ・カフが皆一つになっている。すなわちこれを書き分けずに一つに統一して、コウと書くという類の問題である。もっとも統一した書き方については、コーにする案もあり、コオにする案もあり得ることである。

四

この問題は明治三十三年に一度解決に向ったことのある問題である。すなわち当時、上田・芳賀《はが》・大槻《おおつき》諸先生の委員で構成した国語調査会の字音仮名遣《じおんかなづかい》改訂案が両院を通過して公布されたのである。小学読本の上に実施されて大いに世間に歓迎されたのである。たまたま言語を規範的意識からしか見ることのない人々のために、言語の変遷《へんせん》の何たるかをよそに、ひたすら『国語を紊《みだ》る』『乱臣賊子の所為《しょい》』であるとして、たちまち元の『字音仮字用格《じおんかなづかい》』(41)式の仮名遣に逆転され、国語調査会長上田博士の悲憤の辞職でけりがついて終ったのである。

思うに、当年の改革案はかなりに急激なものだった。今少し緩《ゆる》やかに許容案として、キョウ・キャウ・ケウ・ケフをばキョウに統一する。ショウ・シャウ・セウ・セフをば、ショウに統一するという程度の妥協的なものであったなら、あるいは逆転せずにも済んだか知らないが、純理に馳《は》せて、一気にキョーだのショーだのに改めたから、やや行き過ぎとなり、貴族院側から、『いったいその棒は、文字か？　文字なら何という文字か』とばかり、お叱《しか》りを買ってオジャンになってしまったのである。その後身の昭和国語調査会案は、過去の苦い経験から棒をウに変えて妥協を見せた。その苦心が、たまたまこの改訂案を発音式と呼ぶ所から、この一点が『何が発音式だ』とばかり、総攻撃に焦点を与えた形になったのはぜひない次第である。

しかし改訂反対派の強硬論にかかわらず、実際家はどしどし統一式を実行して、現に外地の日本語教科書には、南洋・台湾・満洲・中国で、例えば kyo の発音ならば、(一) キョウ (二) キョオ (三) キョーの三様式が思い思いに行われている。日本語の入門として口言葉の教育は、かように発音式に書いたもので教えることが避けがたいのであろうが、それにしてもそのいずれか一つにできるなら統一すべきである。すなわちこういう統一の仕事は、政府の決定すべき事項に属する。仮りに三案を比較して見るならば、

(一)は文部省の新仮名遣式であるが、外地に採用する発音式書法としては、kyou と kyoo とを差別出来ない不合理性が目立つ。すなわちその代案に (二) 及び (三) があるのであるが、

(二)は、より合理的であるけれど目に親しみが少い。しかしこの欠点ならば、初めて学ぶ人々には同じことで、子供や外人には一向さしつかえがない。内地にも見馴れるまで使えば

問題はおのずから解消する。

（三）はすでに目には親しいし、従って少くとも単なる発音用、索引用としてなら十分間《ま》に合う。ただし一般用としては、『棒はいったい文字か』ととがめられている札附《ふだつき》だ。もっとも、そういったら「ゝ」だの「〱」だのも、いったい何という文字か。その類《たぐい》の補助文字と思えば問題はなくなる。古来の「あゝ・おゝ」は重音記号で、新しい「アー」「オー」は引く音の記号であって、引という字の旁《つくり》だと説明しておけば済む。

さて、（二）のキョオ式と（三）のキョー式といずれがよいか。（二）は日本式な書き方はそのざっと書いた書き方として、あるいは必要の場合、重音と長音との書き分けにも利用すべく双方を採ってもよい。もっとも日本語の長音は、事実は二音節だから、（二）の重音式書法も間違いではないのみならず、むしろ音韻《おんいん》としては、そう書く方が正しいのである。かつその部分へアクセントを記入しようとする場合は、棒よりも字の方がよい。その他美的な書き物などにも棒よりは字の方が選ばれよう。

かつひそかに思うに、見馴れるまで過渡期を置くのも一法であろう。見馴れたら（二）に統一も可能なように、しばらく（三）を『許容形』として許しておくのである。初めからただ一つに統一しようとすると無理が生じるもので、次の時代の人の手に成功を委《ゆだ》ねて、まず地下工事をする気が必要であろう。役人が功を急いで要らざる反発を買う例は昔からある。

さて、以上（二）及び（三）の比較は、外地の教育にあっての純発音式書法、すなわち『発音符号』としての批判であるが、国内の字音の仮名遣としては、まだ（一）の程度が穏当で、その式でもって必要がある場合書き分けようとするならば、kyōをばきょう、kyouをばきょ・うと書き分けるという方法もあろうと思う。

五

さて以上のキョオの式とキョーの式との問題は、外地における口言葉の教育に関してのことである。その場合はひとり字音に限らず、すべての単語にわたってそう行くのである。

これを内地に用いる場合は発音を示す振仮名、あるいは発音引の辞書の見出しないしは発音索引等に用いて便利であるかも知れない。しかし一般普通の仮名遣としてはどうであろうか。仮名遣は話す言葉ではなくして、読む言葉の上に起る。すなわち言葉を目に訴える時、同一の言葉をばいつも同一の形に統一的に書く標準だとすれば、これは何も必ずしも、発音式でなければばならないものではない。だから今までも、発音と合わない書法でどうやら通って来られたわけであり、また英語でも、フランス語でもサイレントなどがあって、発音通りではないが、強いてそれを発音と一致させようとしてはいないゆえんである。

ではあるが、あまり発音と隔てがあり過ぎることはよいことではない。出来るならば近い方が好ましい。であるから、ドイツだのイタリアなどのように改訂を実行したところもあるわけである。

これにならって我が国にも、仮名遣改訂案というのもあったわけであるが、今日になって顧《かえりみ》れば、全体においてあるいは多少の行き過ぎがあったかも知れない。どういう点かといえば仮名遣は、発音通りであるべきものと予断していた点である。発音通りである方が便利だというだけのことだったのである。ところが今日になると、それさえ言い過ぎを用心しなければならない。耳と目と違うだけに聞く言葉と、見る言葉とに違いがあるべきはずで、見る言葉は発音どおりでない方が見やすいことがあるのである。日本で仮名のみで書くと、読むに面倒くさく、漢字を利用するゆえんである。西洋でも、YMCAだのIWWだの、オンスだの、ダラーだの、&だの、etc. だの、Mr. Mrs. などいう書き方を生ずるゆえんである。

殊に『言語を発音通り書く』ということは間違いで、音標文字だとて音声を書くものではなくして音韻を写すものなのである。音韻は発音の理念であって、個々の発音そのものではないのである。だから音標文字でも個々の発音を発音通り書こうとしているものでは本来ないのである。

こういう見方からすると、たとい我々の個々の発音では mma, mme とひびこうが、書くにはウマ・ウメでもよいのである。三枚・三年・三号・三円・三銭の三の発音は、それぞれ違うが、サン（san）で統一して書いてもよいのである。

だから、従来、学校のガと、小学校のガと同じに書いて来たのも理由がある。同じ音を発音しているつもりだったのだから、同じ字で書いて当然だったのである。ただし九州・中国・四国地方は格別、東京などでは語頭にはgそれ以外にはngと、大体区別を発達さしたから、精密な発音表示の必要な場合などには、今後はガとカ゜とで書き分けるということもあってよいが、然《しか》らざる限り、なおガギグゲゴで押し通してもさしつかえはなかろう。

同様にして、ハヒフヘホは、語頭にはh音であるが（ふ゜さえもhと見てもよい）、それ以外には大抵ワイウエオであるから、精密に音表示をする必要の時は別として、ハ行活用語尾など普通の時はなお、は・ひ・ふ・へ・ほと書いてもよかろう。さすれば、ワヰウヱヲも、わの外はi・e・oの発音になって来ているけれど、それは規則的だから、据わる・据ゑるというようにワ行で書く。ゐど・ゐる・くわゐ・しきゐの類、発音はすべてiであるが、そう理解して「ゐ」をもって書いていてさしつかえないものである。ただし、子供のことも考えて、これらはイウエオと書くことも許容して置く。

さすれば、もちろん助詞の「は」及び「を」は、依然「は」及び「を」で書いておくべきである。

「ぢ」と「じ」との区別は、どうすべきであろうか。これはなお一部には明瞭に区別されるから、その区別は保存しなければならない。が、今日一般にはすでに混同されているから小学校などには、区別せざることを得るような許容案があって欲しい。ただし、『死』に『討《うち》死《じに》』の「じ」の類は、やはり「し」の通りに書くべく、『塵埃《ぢんあい》』『微塵《みぢん》』の「ぢ」類は「ち」の濁に書く、というように区別あるべきである。「ず」と「づ」との区別もこれに準ずる。

かように見て来ると、だいたい古典仮名遣を保存することになるのであるが、一千年間の綴り方を今日なお守るという国は世界に類のないことである。これは日本は東海に隔絶して、古今の変化が、諸外国語に見られないほど小さいからである。

ただ、字音仮名遣(42)だけは、なぜ統一するかというと、全国的に一様に混同を生じたからである(ジヂ・ズヅは例外)ばかりでなく、標準とする宣長《のりなが》翁(43)の『字音仮字用格《じおんかなつかい》』は字数が少いので、白井寛蔭《しらいひろかげ》(44)の『音韻仮字用例《おんいんかなつかい》(45)』三巻がそれを増補しているが、数多の字音について学説が喰い違い、到るところ是正されているのであって、そういう不安定な誤謬《ごびゅう》だらけなものによってやかましく書き分けても何の効があろう。例えば唯・惟・遺の類、宣長翁は「ゐ」と定められたが、古典に確証あるものではない。呉《ご》音《おん》ゆゐであるからかえって「い」(ヤ行の)であるかも知れないが、白井説はやはりこれを「い」に訂正している。豪・肴の韻に属する高・刀の類は、かう・たうだから、それの脣音《しんおん》保・帽・冒・毛をも、宣長翁は、これに類推してハウ・バウ・マウと定められたけれど、元来この韻aoで陽韻などのaとは違い、奥のaでoに近いから、脣音に逢うと、bo・moとひびいて、古典時代は、皆ボウ・モウとばかり書いて来たものであり、現に、仮名にも、保はホの仮名に、毛はモの仮名になっていたほどである。（有坂秀世博士著「國語音韻史の研究」参照）

かように『字音仮字用格』は文雄《もんのう》[46]の『磨光韻鏡《まこういんきょう》』[47]が出たお蔭であれだけの研究が出来たのであるけれども、もちろんまだ中国音に関する音声学的知識が欠けていたから、無理もない誤解が目につくもので、あれによって強いて字音を細かに区別して記しても、何らそれだけの価値も効果もないものである。またその誤りを訂《ただ》そうとしても、中国の音にあたる仮名がないので、無効の努力に帰すること、例えば今日詩人 Goethe をあるいはゴエテ・ゲーテ・ギョーテ・ギォテ・ギョエテ・ゲォエテ等々書いて、勝手にあるいは甲を是とし、あるいは乙を是とするの愚を繰返すことになる。結局、三百年来、そうなって来た今日の発音に統一することが最も適切なことになり、それよりほかに仕方がないものなのである。それ故に字音だけでは、今日同音に帰したものは同じ仮名に統一して書こうという、かつて平安時代の人々のやったことを、千年後の今日、ならおうとするだけのことにすぎない。

反対論者は、『果たして字音から出来たものであるか、国訓から来たものであるか、世人は一々知らないから行われがたいではないか』と難ずるかも知れない。『随分しやうがない』『しようともしない』は、その区別の混じられそうな場合である。仕方がないのである。仕方の意味のは仕様《しやう》で、『せむ』の意味のしようは、『せう』『しょう』『しよう』だと教えてこれは書き分けさせるのである。発音が同じでも、語によってちがうことはどこの国語にもあって、それを一語一語学ぶのが国語教育だから、それぐらいの困難は避けるべきではないのである。

　さて、新仮名遣は字音の仮名遣の統一ぐらいで、あとは大体古典仮名遣を保存する。これが余儀ないのである。今のところ字音のほかは、まだやって通せないことはないし、これを改訂することが出来ればしてよいが、今日は少くともまだ早過ぎて出来ない。その何よりの証拠は、改訂に対する猛然たる反対の声の在野に満つることがそれである。

　古典仮名遣は不朽のものでは必ずしもないし、これが改訂も時によっては可能である。自然に発音がもっと変れば、おのずから書きようも違って行く。例えば、為《せ》む―せう―しょう―しようとなったのは、自然に認められ、誰も、しようと書くのを怪《け》しからぬ、せうと書くべしだという人がない。発音の推移もここまで来れば、古典仮名遣もこれを制約することができなくなって、新仮名遣がおのずから生れるのである。政府のすることはこういうのを追認して規範化することであって、決して先走りして無辜《むこ》の違反者をつくらないことにある。

補

戦時中に発表した私の仮名遣改定案は、以上のようなものだった。当時の伝統尊重論は、改定案には全面的に反対を示し、公私の大学の国語国文の教授が、連名で、改定案に反対決議をつきつけたとき、私はひとり署名をことわったが、なおやはり時勢に推されて、このくらい保守的になっていた。

すなわち、ハ行活用動詞語尾の、は・ひ・ふ・へ・ほなど、語中語尾の、は・ひ・ふ・へ・ほは、規則としてワ・イ・ウ・エ・オと発音するのであるから、そう教えて、書くには、やはり、そのままでもよかろう。但し、ワ・イ・ウ・エ・オと書くことをも許容すること、また、ジ・ヂの区別などは、まだ、厳然として、存する地方もある故、それを強いて、ジの方が本当だと教え込むことは無理であるから、区別のなくなった地方――例えば、東京、京都をはじめ多くの地方――には、区別なくみなジに書くことを許容する、というように、許容案で行なったらよいというのであった。それは、先年、文部省で、「文法上許容案」というものを発表して好結果を得、そのまま今日に及んで、以来それが民衆を、「文法上の誤り」から救い得ている先例にのっとるつもりだったのである。

しかし、こんどの文部省の方針は、許容案では、生ぬるいとし、新聞社も、どうせ改めるなら、「許容案」によるのではいやで、こうと正式に定めてほしいという意見が勝ってこんどのように決定したのである。進歩性であるから、よいものの、言語は、大衆のものであって、少数者のものできまるものではないから、果然《かぜん》、従うことのいやな人々をして、盛んに反対の声を挙げさせているのは、まことに遺憾《いかん》である。

許容案でわるい筈《はず》がないのである。国民をワクからはずしてやるのが目的なのであるから。それを、日本国民は、命令で、きめてもらって、ハイ！　といって従いつけて来た封建的な気分が、まだ抜けないで、許容案などいう救いを拒否し、官僚もまた、許容案では、威信にかかわるように考えて、生ぬるいとして、推しつけるものだから、反対者をして反対の気勢を高めさせるのである。

それから、文部省は、改定案を、毎度、表音的仮名遣と呼び、これに対する古典仮名遣をば歴史的仮名遣と呼んで来た。私はこの呼び様に反対をして、「おう・こう・そう・しょう」の類も三百年来の歴史があるから、やはり歴史的仮名遣である。それから、改定案は、決して表音的と標榜《ひょうぼう》すべきものではなく、表音的に書くのならば、表音記号であって、仮名遣ではない。いわゆる歴史的仮名遣は、事実、古典的仮名遣であり、新制の仮名遣は、現代仮名遣にほかならない、と主張して来た。幸いに、文部省も、こんどの仮名遣を、表音的仮名遣と呼ばずに、現代仮名遣、あるいは新仮名遣と呼ぶようである。

なお、私案では、子供が、引く音を、語によって区別しかねて、みな、ーで書くことがあるかも知れないから、それをも許容すべきであると思う。ソース、トースト、ホークのように、おーむ、こーもり、おーかみでも誤りとしない。これが、子供たちをワクからはずして救援するゆえんであるからだ。

とにも、かくにも、新制仮名遣は、時代に応ずる進歩性のものであり（明治三十三年のものよりは、ーの代りに、ウを用いるだけ保守的ではあるが）、大新聞の同調と、諸雑誌の協力があるから、こんどは、どうてん返しになることなく、新日本再興の基盤となって行くことであろう。

（本篇は、筆者が第二次世界大戦中に発表した仮名遣改定私案である。従って、論調に時代的ずれがあることを御了承願いたい。）

第四　日本語の特質

一　総　論――日本語は膠着語――

一　世界言語の形態的分類

日本語の特質は、日本語の面だけを眺めていては明かにならない。これを世界諸国語の種種相の中に捉えて初めてその真相が目に映じて来る。

世界諸言語の形態は、変化きわまり無いものであるが、古来常識になっていることは、これを四つの典型に分類対照することである。

第一、孤立語。語尾変化ということの一切無い、そして各単語が一音節から成り、少数の助辞はあるが、語序が文法の主たる役割を演ずる中国語・西蔵《チベット》語・安南《アンナン》語・シャム語などの形態。

第二、膠着語《こうちゃくご》。おびただしい助辞と接辞と、及び、半ば独立的な語尾変化とを十分発達させて、それが文法の主役を演ずるウラル・アルタイの諸国語や南洋諸言語の形態。

第三、曲折語《きょくせつご》。語尾変化が極度に進んで、語中・語頭にまで変化の及ぶ曲折というものを所有し、それが文法上の主役を演じて語序などはむしろ自由なインド・ヨーロッパの諸国語、特にその古典語の形態。

もっとも近代ヨーロッパ諸国語は、語体の変化がだんだん簡単に統一されて、曲折が崩れ落ち、その代りに関係表示の前置詞が発達してその役を果たすようになり、古代の総合的な傾向が、著しく分析的になって来た。そしてその傾向を最も顕著に追って来た英語などになると、かえって、中国語などの孤立語型に接近したと見做《みな》される。

古代インド・ヨーロッパ語よりも、一層総合的に出来ているものに、極北種族やアメリカインド人の言語があって、一つ一つの動詞は、みな人称による形を別々に有し、その人称形も、主格関係の人称のみならず、目的格の人称をも動詞の形の中であらわし分けられる。すなわち、「与う」という動詞が、何人称が何人称に与えるかによって各〻別形を用意しているので、インド・ヨーロッパ語よりも複雑な曲折である。エスキモー語やメキシコ語などもそうである。日本のアイヌ語などもそうである。学者あるいはこれを、第四の型として抱合語《ほうごうご》（Incorporating Language）と呼び、あるいはこの傾向を称して輯合性《しゅうごうせい》（Poly-synthesis）と呼ぶ。

二　近代語的分析的日本語

以上のような諸形態の型から見ると、日本語はまず輯合語《しゅうごうご》のような、極度の総合的言語とは対蹠《たいしょ》的な、最も分析的な言語であると言える。なぜなら、各〻の動詞は、人称《パーソン》にも、時《テンス》にも、数《ナンバー》にも、法《ムード》にも超越した全く共通な一つの形で役立ち、人称や数等は、それぞれ、その時の主語で示されるだけであり、過去や未来をば、ただ助動詞がそれを専門に表わして後へ添えられる。法も、同様である。例えば動詞「書く」は、人称にも数にも（時には法にも）かかわりなく常に書くで、それが「我書く」「汝書く」「彼書く」「我々が書く」「汝等が書く」「彼等が書く」となる。

過去にしようとすれば、それぞれの下へ一様に「た」をつけ、未来にしようとすれば一様に「う」（よう）をつける。

又格を表わすのにも、名詞・代名詞は、何格でもそのままで、関係を表わし分けるには、関係表示専門の「が」「の」「に」「を」「より」「から」「まで」「さえ」「と」「も」「へ」の類が一様に、どんな名詞・代名詞へも結びつくのである。全く分析的な語法である。

英語などが古代から近代へかけて取って来た変化の方向は、ちょうどこうなって来たことである。動詞が未来の時は一様にwill（あるいはshall）をつけさえすればよい。受身は一様にbeを（過去分詞の形へ）つける。一人称・二人称・三人称は、代名詞・名詞を置いて、それで表わし分ける。古代には、やはり動詞語尾の変化であらわすのであった。名詞も格関係で語尾が変化したのを、今は主格も目的格も同形で、属格にアポストロフsをつける点に古態を残存するだけである。その代りに前置詞toや、ofや、fromや、atなどで、関係を専門にあらわすようになって、分析的になったと言われるが、ちょうど我が国の「に」「の」「より」「から」であらわす方法と似た方向に進んで来たのである。これらは、古代語、古典語時代の副詞から出て来たもので、これが出て来たので、名詞がいつも同形で居られること日本語と同様になって来たのである。ただし、助動詞の方は、もと動詞だったものが、助辞化して、そして、動詞をば I will go, I shall go, we will go, we shall go, you will go, you shall go, he shall go, he will go, they will go, they shall go のごとくいつもgoでよくなったこと、日本と同じ趣になったが、ただ日本では、助動詞に活用があって二重・三重につづいて形を変ずるのに、英語の助動詞には変化が無く、さながら中国語の我将行・汝将行・彼将行の趣である。それで、中国語などのように、孤立語の様相を呈して来たと言われるわけである。

しかし、もちろん、英語にはまだhe, him, his ; am, is, are, was, wereなど、語形の変化があって、いにしえの曲折語の面影を残しているが、中国語には四千年来、語尾変化——動詞の活用など——が全然ない。この点において、中国語はまた、日本語と対蹠《たいしょ》的な相違をもつ。

中国語が日本に入って二千年、上下に滲透したけれど、そして、漢文直訳体といわれる文体まで生んで、随分、敬語の助動詞や、過去の助動詞を、附けるところにも附けずに読み馴れるほど感化も大きかったけれど、それで日本語の文法は依然として壊れず、漢王解レ衣衣レ我（漢王、衣ヲ解き、我ニ衣《き》しむ）も、語序を動かすばかりでなく、ヲ・ニの様な助詞、解きの様な活用形、しむのような助動詞が用いられる。そこに日本語にはどうしても中国語と文法がちがっていて、超えがたい溝があるからである。

三　アジア型膠着語

一方に総合語とちがい、他方に孤立語とちがうこの特質は、それでは、親潮の流れて来る南洋諸民族の言語の性質と比べたらどういうことになるか。また一《いち》衣《い》帯《たい》水《すい》を隔てるのみの西大陸の諸言語の性質とは、どう比較されるか。

南洋の諸言語も、西大陸のウラル・アルタイの諸言語も、膠着語《こうちゃくご》型の言語の中に数えられるが、日本語も、同じ膠着語と見られるのはその位置上必ずしも不自然なことではあるまい。

ただし、南洋語の動詞は、接頭辞・接中辞・接尾辞がついて変化するのであって、助動詞の類の二重・三重につくウラル・アルタイ語とはちがうので、シュタインタールなどは、これを別にして中国語を語根孤立語と呼ぶのに対して、これを語幹孤立語と呼んだ。けれども中国語(及びその余の諸言語)と異なる特質は、接中辞が語体の中へ跳び込んで来ることがある。ヘブライ語・アラビア語・エジプト語を総括するセム・ハム語族が、三子音法《トリリテラリズム》といって各単語が、三子音を根としてその間へ入る母音の変化で曲折する特質と、この南洋語の接中辞の跳び込む特質との間に近似を求めて、南洋語のアラビア語起原説を唱導した学者もあるが、ともあれ、語序が南洋では、日本語やウラル・アルタイ諸国語と反対に出来ている点で、たとえ同じ名の膠着語に属させられても、自らその間には超えがたい溝《みぞ》がある。

南洋語のこの語序は、西はアフリカからマダガスカル以東、全南洋の諸言語を通じて、オーストラリア語にまで及ぶ傾向である。それ故に、それは大きくその方面一帯の特質と見てよいのであって、同じ膠着語でも、西隣りの、朝鮮を含めたアルタイ語族（トルコ・タタール・蒙古《もうこ》・満洲・ツングースの諸語）の方へ目を転じて、我々の日本語の特質を、その方へ合考する方が恐らく正しく且《か》つ自然な見方であろう。

二　音韻組織の特質

一　母音の数と質

古典時代（平安期）以降、われわれの母音《ぼいん》はアイウエオの五つであって、その音価《おんか》(48)は、大体中舌母音(49)のａと前舌母音(50)のｉ及びｅと、後舌母音(51)のｕ及びｏで、今の東京音よりも、関西、殊に土佐方言のａｉｕｅｏが伝統的なものであるらしい。なぜなら、今の東京人及び東北人のウは平唇《へいしん》(52)で、変的ウであるから。

奈良以前は、以上の五母音の外に、少くとも三つの母音ïëöが存在して、例えばki fi miのほかに、kï fï mïがあり、ke fe meのほかに、kë fë mëがあり、またko so to no yo roのほかに、kö sö tö nö yö röがあったから、母音が、少くとも八つあった。それが記・紀・万葉の上に一致して書き分けられているから動かせない。もっとも、記だけはそのほかに、möと並んでmoも区別される。これらウムラウトもしくは中舌音(53)は、だんだん無くなりかけて以上の十三音にだけ、たまたま残って居たのであるらしいから、もし、もっと古い文献があったら、キヤチにも、又セやケにも二類ずつあったかも知れず、オ列にしてもホやヲなどにも二類ずつあったかも知れない。

何のために、イエオに二種類があったのか。又、何故に二種類が、イエオにだけあったのか。ほかのア及びウには一種しかなかったのか。文献時代に入ってからは、ア・ウにはそれぞれ一種であるが、それ以前のことは、徴すべき文献が滅びて全くわからないが、可能性かららいえば、アにもウにも、二種ずつあることが考えられなくはない。あったかも知れない。東国の変ったウの存在、東北の変ったア（英語の man の a のような）の存在などが、そう想像させる。

そういう変母音の存在はどういうわけで、可能視されるかというに、すでに朝鮮にも母音がaiueoのほかに、も一つのア、も一つのオ、も一つのウ類似の母音があったり、満洲語・ツングース語・蒙古《もうこ》語・トルコ語・タタール語・ハンガリア語・フィンランド語などのいわゆるウラル・アルタイの諸国語はみなそうなのである。例えばタタール語に、aiueoのほかにäïüëöがあり、一語一語は、第一類か、又は第二類のみで出来上る、いわゆる母音調和(2)である。完全な強度な音韻同化の実現である。

どうして、そうまで同化作用が強度に、完全に一語一語の上に行われるか。それは、民族の発音の癖に根ざしたもので、第一音節を発音したその口つきを、第二音節・第三音節までも無意識に持続するので、同じ傾向の母音のみが続いて語を成す結果である。これが、ウラル山地方から、アルタイ山地方に蔓延《まんえん》する民族の発音ぐせだったらしく、それで整然たる母音同化がウラル・アルタイ語族の諸言語に共通になったものと解釈されている。

日本語には、文法上の一致はウラル・アルタイ語との間にあるが、母音調和だけは無いとのみ従来考えられていた。しかるに、奈良朝までは、日本語の上にもこの事実があったという事実が、現代の国語学者によって発見されて、ここに日本語の音韻上の一大特質が新たに加わったのである。

二　母音の二類

日本語における母音調和[2]の発見は、橋本進吉博士[54]の「特殊仮名遣」の発見に胚胎《はいたい》する。いわゆる特殊仮名遣[55]とは、実は真名遣である。奈良朝にはまだ仮名がなく、それに先行する真名を遣い分けたのだから。

その真名が、キヒミケヘメコソトノヨロ（及びモ）の十三に対して甲乙二類ずつあったとして次のようにそれを示された。

キ
- 甲　伎《キ》岐《キ》吉《キ》棄《キ》藝《ギ》（寸《キ》・杵《キ》・服《キ》・來《キ》）、等
- 乙　紀《キ》記《キ》貴《キ》氣《キ》幾《キ》機《キ》己《キ》義《ギ》（木《キ》・城《キ》・樹《キ》）、等

ヒ
- 甲　比《ヒ》卑《ヒ》譬《ヒ》避《ヒ》毗《ビ》（日《ヒ》・氷《ヒ》・檜《ヒ》）、等
- 乙　斐《ヒ》肥《ヒ》被《ヒ》彼《ヒ》非《ヒ》飛《ヒ》備《ビ》眉《ビ》（火《ヒ》・乾《ヒ》）、等

ミ
- 甲　美《ミ》彌《ミ》（三《ミ》・御《ミ》・見《ミ》・水《ミ》）、等
- 乙　微《ミ》味《ミ》未《ミ》（箕《ミ》・身《ミ》・實《ミ》）、等

ケ
- 甲　祁《ケ》鷄《ケ》計《ケ》家《ケ》牙《ゲ》下《ゲ》夏《ゲ》（異《ケ》）、等
- 乙　氣《ケ》開《ケ》既《ケ》概《ケ》該《ケ》戒《ケ》愷《ケ》皚《ゲ》（毛《ケ》・食《ケ》・飼《ケ》・消《ケ》）、等

ヘ
- 甲　幣《ヘ》弊《ヘ》覇《ヘ》遍《ヘ》返《ヘ》反《ヘ》邊《ヘ》部《ヘ》便《ベ》（隔《ヘ》・方《ヘ》・重《ヘ》）、等
- 乙　閉《ヘ》倍《ヘ》陪《ヘ》珮《ヘ》沛《ヘ》杯《ヘ》俳《ヘ》背《ヘ》倍《ベ》（經《ヘ》・戸《ヘ》・甕《ヘ》）、等

メ
- 甲　賣《メ》謎《メ》咩《メ》綿《メ》馬《メ》面《メ》（女《メ》）、等
- 乙　米《メ》妹《メ》梅《メ》每《メ》瑇《メ》昧《メ》（目《メ》・眼《メ》）、等

コ
- 甲　古《コ》故《コ》胡《コ》固《コ》枯《コ》姑《コ》顧《コ》孤《コ》呉《ゴ》吾《ゴ》五《ゴ》（子《コ》・兒《コ》・小《コ》・粉《コ》・籠《コ》）、等
- 乙　許《コ》據《コ》居《コ》虚《コ》去《コ》擧《コ》己《コ》巨《コ》御《ゴ》語《ゴ》期《ゴ》碁《ゴ》（木《コ》）、等

ソ
- 甲　蘇《ソ》宗《ソ》素《ソ》祖《ソ》俗《ゾ》（十《ソ》）等
- 乙　曾《ソ》層《ソ》贈《ソ》所《ソ》諸《ソ》僧《ソ》增《ソ》則《ソ》序《ゾ》敍《ゾ》（其《ソ》・衣《ソ》）、等

ト 甲 斗《ト》刀《ト》土《ト》度《ト》杜《ト》圖《ト》屠《ト》覩《ト》都《ト》徒《ト》渡《ド》奴《ド》怒《ド》（外《ト》・礪《ト》）、等
　 乙 登《ト》等《ト》騰《ト》鄧《ト》苔《ト》耐《ト》廼《ト》得《ト》藤《ト》杼《ド》、等

ノ 甲 怒《ノ》努《ノ》弩《ノ》、等
　 乙 乃《ノ》能《ノ》廼《ノ》、等

ヨ 甲 用《ヨ》庸《ヨ》欲《ヨ》容《ヨ》（夜《ヨ》）、等
　 乙 與《ヨ》余《ヨ》豫《ヨ》譽《ヨ》預《ヨ》餘《ヨ》（四《ヨ》・代《ヨ》・世《ヨ》）、等

ロ 甲 漏《ロ》路《ロ》樓《ロ》盧《ロ》露《ロ》魯《ロ》、等
　 乙 呂《ロ》侶《ロ》慮《ロ》稜《ロ》、等

同一音、例えばコの甲類に幾つもの漢字のあるのは、紀及び万葉で、これは、色々の人の文献から編纂《へんさん》したものだったからである。記は一人太安万侶《おおのやすまろ》の手に成る書物ゆえ、アは常に阿、イは常に伊、というように定まっている。ただし、エは衣と延と二字を使い分けてるのは、衣はeで、延はyeであったためとわかった。そのようにコに古・許の二字を用い、メに賣・米の二字を用いているのである。それはすなわちkoとköとちがい、meとmëとちがったから、分けて書いたものと見ざるを得ない。他も同様なのである。そして語によって分けて書いたその書き様に、記・紀・万葉の書き様が不思議なほど一致するのである。例えば、ひと（人）という語を書くのに、比登《ひと》（記）・比等《ひと》（応神紀）・比苔《ひと》（神武紀）・比騰《ひと》（皇極紀）・

臂苫《ひと》（仁徳紀）・臂等《ひと》（允恭紀）・比得《ひと》（万葉十七）・必登《ひと》（万葉十九）、色々字はちがってもよく見ると、「ひ」にあてた比臂必は、他の語を書く時にも通用されている間柄であり、「と」にあてた登・苫・騰・得も、他の語を書く時にも通用されている間柄である。前の表でいえば人の「ひ」はみな甲類の字、「と」はみな乙類の字である。故に色々の字が用いられてもなおそこに一貫したものが厳存するのである。

いかなる語には、甲類が用いられ、いかなる語には、乙類が用いられているか。語例を参考までに挙げてみると、ざっと記・紀・万葉に一致するところ次のごとくである。

三　二類の書き分け

キの甲、伎の類で書かれる語は――

来《き》、着《き》、酒《き》、悲しき（その他すべて形容詞連体形のき全部）君《きみ》、肝《きも》、衣《きぬ》、秋《あき》、息《いき》、沖《おき》、隠《お》岐《き》、幸《さち》、崎《さき》、先《さき》、飽き、聞き（その他カ行四段活用連用形語尾のきの全部）、翁《おきな》、昨日《きのふ》、競《きそ》ふ、極《きは》む、浄《きよ》し、嫌《きら》ふ、雉《きぎし》、甑《こしき》、樒《しきみ》、鱸《すずき》、錦《にしき》、椿《つばき》、等々。

キの乙、紀の類で書かれる語は――

木《き》、城《き》、霧《きり》、紀伊《きい》、岸《きし》、月《つき》、槻《つき》、幾多《こきだ》、貢《みつぎ》、葛城《かつらぎ》、あしびきの、墓《おくつき》、ももしきの、若郎子《わきいらつこ》、盡《つ》き、避《よ》き（その他、上二段活用語尾のき）等。

ヒの甲、比の類で書かれる語は――

日、檜、彦、姫、鬚《ひげ》、膝、菱、一《ひ》向《た》、泥《ひぢ》、櫃《ひつ》、人、稗《ひえ》、夷《ひな》、弱《ひな》、紐《ひも》、平《ひら》、蒜《ひる》、晝《ひる》、光《ひかり》、久し、忍ぶ、一つ、雲雀《ひばり》、東《ひむがし》、願ひ、思ひ、匂ひ（その他、ハ行四段活用連用形語尾のひの全部）等々。

ヒの乙、斐の類で書かれる語は――

甲斐《かひ》、火、肥の国、肥の川、斐《ひ》驒《だ》、恋ひ、生ひ（その他、上二段活用語尾のひ全部）、干《ひ》る、等。

ミの甲、美の類で書かれる語は――

み空、み言《こと》、尊《みこと》、み山、み吉野、山高み、風をいたみ、まがなしみ、峯、水、三輪、美保、三重、海松《みる》、水脈《みを》、見《み》る、弓、風流《みやび》、笑《ゑ》み、富み、摘み、生み（その他、すべて四段活用連用形語尾のみ全部）、網、海、臣《おみ》、上《かみ》、髪《かみ》、君《きみ》、ぐみ、隅《すみ》、耳《みみ》、泉《いづみ》、近江《あふみ》、鐙《あぶみ》、鏡、霞《かすみ》、極み、前妻《こなみ》、すみれ、疊《たたみ》、工《たくみ》、涙、みさご、みだれ、みどり、もみぢ、えみし、みほ鳥、うつせみ、しがらみ、つるばみ、はしかみ、わたつみ、やすみしし、等。

ミの乙、微の類で書かれる語は――

身《み》、実《み》、皆、而《の》已《み》、回《た》み、（上二段活用連用形語尾）、暗《やみ》、神《かみ》、浦回《うらみ》、とどみ（留）、妻ごみ、にふなみ、等。

以上の書き分けは、期せずして記・紀・万葉に一致するところであり（もっとも万葉の東《あずま》歌《うた》には混同があり、又巻第十八にはところどころ平安期の手入れがあったため混同がある）、おのおのの間に整然たる脈絡があって、決して偶然の一致とは思えない。

同様にケヘメの三つにも、これと照応して三書共に、語によって書き分けて居る。

オ列、コソトノヨロも、語によって次のように書き分けられる。

コの甲、古の類の語――

子《こ》、小《こ》、籠《こ》、水手《かこ》、ここ（物音）、高志《こし》（国名）、越《こし》、越《こ》ゆ、恋《こ》ひ、駒《こま》、彦《ひこ》、前妻《こなみ》、藐射《はこや》、都《みやこ》、男《をのこ》、手腕《たこむら》、なでしこ、よぶこ鳥、谷響《やまびこ》、等。

コの乙、許の類の語――

木《こ》、蠶《こ》、来、此《こ》、処《こ》、腰、こそ（助詞）、こそ（乞）、異《こと》、言《こと》、事《こと》、こと（琴）、乞《こ》ひ、こる（薪を）、これ（是）、頃《ころ》、声、醜《しこ》、常《とこ》、床《とこ》、矛《ほこ》、横《よこ》、馬《を》鹿《こ》、遣《おこ》す、聞こゆ、許多《ここだ》、ここのつ、心《こころ》、甑《こしき》、郡《こほり》、氷《こほり》、隠《こも》る、臥《こ》ゆ、殺す、衣《ころも》、所《ところ》、残《のこ》る、誇《ほこ》る、誠、命《みこと》、ことごとく、いやちこ、たなぞこ、ねもころ、とどこほる、とどろこす、こをろこをろ、等。

ソの甲、蘇の類の語――

麻《そ》、十《そ》、磯《いそ》、裾《すそ》、糞《くそ》、阿蘇《あそ》（地名）、蘇比《そひ》（地名）、反《そ》る、虚空《そら》、遊《あそ》ぶ、功《いそ》し、急《いそ》ぐ、備ふ、争ふ、幽《かそけ》し、嘯《うそぶ》く、石上《いそのかみ》、真澄鏡《まそかがみ》、等。

ソの乙、曾の類の語——

衣《そ》、背《そ》、そと叩く、父《かぞ》、昨夜《きぞ》、乞《こそ》（願の辞）、こそ（係りの助詞）、底《そこ》、其処《そこ》、退《そ》く、征矢《そや》、其《それ》、傍《そば》、染《そ》む、初《そ》め、朝臣《あそ》、虚言《うそ》、細《ほそ》、外《そと》、そよ（音）、剃《そ》る、進《そそ》る、曾富騰《そぼど》、濡《そぼ》つ、装《よそほ》ふ、遅《おそ》、そぼふる、顕身《うつそみ》、押《おそ》ぶる、等。

トの甲、刀の類の語——

利《と》、戸《と》、海門《と》、栂《とが》、磨《と》ぐ、戸主《とじ》、戸女《とべ》、とめ（女子の称）、問《と》ふ、取る、跡《あと》、絲《いと》、甚《いと》、里《さと》、苞《つと》、鳩《はと》、太《ふと》、程《ほど》、いとこ（親称）、隣《となり》、勤《つと》む、祝詞《のりと》、水門《みなと》（港）、惑《まと》ふ、尊《たふと》、たかまと（地名）、まとかた（地名）、土佐（地名）、

トの乙、登の類の語——

と（共に）、云々といふ（助詞）、共《とも》、友《とも》、等《ども》、咎《とが》、時《とき》、床《とこ》、常《とこ》、底《そこ》、富む、年《とし》、豊《とよ》、鳥、弟《おと》、音《おと》、琴《こと》、言《こと》、事《こと》、異《こと》、毎《こと》、悉《ことごと》く、殿《との》、人《ひと》、本《もと》、許、遠し、通る、飛ぶ、泊《と》まる、留《と》まる、乏《とも》し、騒《とよ》もす、撓《とをを》、厭《いと》ふ、一つ、独り、尊《たふと》、太《ふと》、求《もと》む、もとな、男《をとこ》、誠《まこと》、袂《たもと》、大和、伴緒《とものを》、燈火《ともしび》、理《ことわり》、言語《こととひ》、中臣《なかとみ》、ほとほと（音）、ほととぎす、もとほる、とどこほる、等。

なお、ノの甲、努の類の語は篠《しの》・忍《しの》ぶ・吉野《よしの》の類。乙、能の類の語は、助詞のの常にそうである。ヨの甲、用の類では、夜《よ》・従《より》・眉《まよ》・呼《よ》ぶ・浄し、など。乙、与の類で書かれる語

は、世《よ》・代《よ》・節《よ》・よ!(命令の助詞)・横《よこ》・良《よ》し・由《よし》・豊《とよ》・伊予《いよ》・よろづ・よろし・いよよ・詠《よ》む・装《よそ》ふ・淀《よど》む・蓬《よもぎ》等。又ロの甲、漏で書かれるのは、白《しろ》・黒《くろ》・室《むろ》・袋《ふくろ》・かぎろひ・まつろひ・はろばろ・おもくろなど。ロの乙、呂で書かれるのは、助詞のろ・麻呂・色・頃・代《しろ》・廣・殺《ころ》す・心《こころ》・処《ところ》・もろもろ・ほろほろ・よろし等の等の類である。

四　母音調和の痕跡

さて、以上の事実を注意して、有坂秀世氏の発見された事実は、オ列の乙類は、必ずオ列の乙類とのみ組み合わされて、一語を成し、決して、甲類のオ列を交えて成る語が見えないことであった。すなわち事・言・琴・異はみな kötö であり、心は kökörö であり、床《とこ》も常《とこ》も tökö であり、横（yökö）・処（tökörö）、友も伴も共もみな tömö である。

しかるに、オ列の甲の方は、決してオ列の乙とは組み合わされず、ア列・ウ列とは組み合わされる。すなわち、ア列・ウ列と連なって語を成すオ列は必ず甲類のオである。例えば、苞（tuto）・跡（ato）・鳩（hato）・太（futo）・里（sato）の類である。

ただし、イ列は、オ列の甲とも乙とも組み合う。例えば、人（hito）・彦（hiko）・絲（ito）・淨《きよ》（kiyo）・彌（iyöyö）

すなわち、イ列だけはオ列の甲類とも乙類とも調和し得、ア列・ウ列は、オ列の甲類だけへ調和して、オ列の乙類へは調和せず、という事実が明かにされて、ここに、ウラル・アルタイの母音調和とそっくりの法則が上代日本語の上に存在したことが知られたのである。

しかるに、平安京に都が移ってからは、音の甲類・乙類の差が無くなって、仮名では、片仮名も平仮名も、字体はそれぞれさまざまあったけれど、語によって、かようにやかましく区別して書くことが無くなったのは、必ず、oもöも、発音が一つになり、iもïも区別なくただ一様にiに発音され、同様にëも、eに統合されて一つ音になった結果と思われる。

それで、平安期以来、日本語に、こういう書き分けが見えなくなったために、従来は日本語に母音調和が無いと速断されていたのである。

ただし、やはり、もともと母音調和——それの初次的な形で、一語内での母音の強度の同化作用に過ぎなかったが——があったためであろうか、今なお、日本語をローマナイズすると、同母音の語の多いこと、

アタマ（atama）・カラダ（karada）・ハラ（hara）・トコロ（tokoro）・ココロ（kokoro）・モモ（momo）・チチ（chichi）・ヒジ（hiji）

一見して、英語やドイツ語やフランス語や、インド・ヨーロッパ諸国語とあまりに大きな相違に驚かされる。これがつまるところ、日本語に母音調和を所有した、それほど母音の同化作

用の強力に行われる言語で、もともとあったからなのであった。

五　母音の重出をきらう特質

中国語及びインド・ヨーロッパ諸国語では、ちがった母音が二つ（あるいは三つも）続いて一音節に発音される重母音(56)（二重母音）というものがある。しかるに、日本語は、母音《ぼいん》の重出をきらう傾向があって、純粋な日本語には、もともと一語内に母音の二つ続くことが無かった。記・紀・万葉を通じて、そういう単語が一つも無い。これが日本語の上に非常にハッキリした特質の一つである。

もっとも、万葉の中に、楫《かい》という語が出ている。kaiであるから、aとiと続いている。これは全く例外で、後にいうごとく、多分、奈良末に生じたイ音便の走りであろうと思われる。

しかし、母音で始まる語が、他の語の下へ結びつくと、自然、母音が二つ続くことが、いやでも起る。そういう時には、必ず次のような方法でやはり一つの単母音にしてしまっていた。

第一、二つの母音の中間の一母音に変じて、重母音を避ける。例えば、

長息《ながいき》→歎《なげき》（nagaiki——nageki）

すなわちnaga-ikiで、aとiとが重出する。初めは、その通りに発音したわけであろうが、続けて二つ母音を発音するうちにaがiへ引かれ、反対にiがaに引かれ、両方から影響し合ってその中間のe音になったのである。

ながいき（長息）——なげき（嘆き）naga-iki——nageki.

行きあり——行けり yuki-ari——yukeri.

しあり——せり si-ari——seri.

靫負《ゆきおひ》——靫負《ゆけひ》 yuki-ofi——yukefi.

第二、前の母音を落す。

あはうみ（淡海）——あふみ（近江）afa-umi——afumi.

あらいそ（荒磯）——ありそ ara-iso——ariso.

かはうち（河内）——かふち kafa-uti——kafuti.

かきうち（垣内）——かくち kaki-uti——kakuti.

に在り——なり ni-ari——nari.

くにうち（国中）——くぬち kuni-uti——kunuti.

呉のあゐ——くれなゐ kureno-awi——kurenawi.

とあり——たり to-ari——tari.
と云ふ——ちふ to-ifu——tifu.
とこいは（常磐）——toko-ifa——tokifa.
はたおり——はとり fata-ori——fatori.
持ち上ぐ——もたぐ moti-agu——motagu.
我が妹《いも》——わぎも waga-imo——wagimo.
我が家——わぎへ waga-ife——wagife.

これから推すと、同音重出の一つが落ちるところの次の熟語——

遠音《とほおと》——遠音《とほと》 tofo-oto——tofoto.
仮り庵——かりほ kari-ifo——karifo.
這ひ入る——はひる fafi-iru——fafiru.
想《おも》ひ出《い》で——想出《おもひで》 omofi-ide——omofide.
長雨——ながめ naga-ame——nagame.

の例も、字面からは後の語頭の「お」や「い」が無くなるけれど、発音過程からは、前のoやiの脱落であるかも知れない。

第三、多く用いる動詞で、語頭の母音が略されても理解できるほどのものには、後の母音が落ちることもある。

と云ふ――とふ to-ifu――tofu.
然思《しかおも》ふ――然《しか》もふ sika-omofu――sikamofu.
待《ま》ち出《い》で――まちで mati-ide――matide.
さざれ石――さざれし sazare-isi――sazare-si.
はなれ磯――はなれそ fanare-iso――fanareso.
片思ひ――かたもひ kata-omofi――katamofi.

「―入る」「―出づ」の「い」の落ちるのもこの方へ入れてよいかも知れない。

こうして、常に母音の重出を避けている。今でも、母音が重なると、一つを脱落してしまうか、間へ渉《わた》りの子音wyの類をはさんで避ける方法を取る。場合（ba-ai）を、ばわい（bawai）あるいは、ばやい（bayai）、仕合《しあわ》せ（si-awase）を、しやわせ（siyawase）、似合《にあ》い（ni-ai）を、にやい（niyai）、ピアノをピヤノ、アジアをアジヤ、イタリアをイタリヤといってしまう。みな同じ原因から来る変化である。

かように、母音の重出をきらう日本語へ、重母音に富む中国語――漢音・呉音――が入って来たとき、どうしたか。発音しにくかったに違いなく、やはりwなどを入れて避けたのが、平安朝の芭蕉をバセオの代りにバセヲとやったり、紅梅をコオバイの代りに、コヲバイと言ったり、襖をアオの代りに、アヲと言ったりしているのがその現われである。

しかるに、母音の重出でも、口を大きく開く母音が前に立って、口を小さく開く母音が後に来る場合は比較的らくに出来、その反対の場合がむずかしかった。すなわち ai au ou oi ei はらくな方で、ia io ie ua uo ue はむずかしく、ya yo ye wa wo we のごとくでなければ言えないというような傾向があった。

そこで、易い方は、漢語で母音の重出がどしどし現われた。アイ（愛）・カイ（皆）・タイ（泰・大）・サイ（細）・アウ（櫻・央・鷗）・カウ（高・孝・行）・キャウ（京・郷）の類。また、オウ・コウ・キョウ・ショウ・チョウや、エイ・ケイ・セイ・テイ・ネイ・ヘイ・メイという類の字音を、たくさんに発音するようになった。みな、狭い母音をもって終る連母音[22]の発音である。それまでは、こういう連母音さえも純粋な日本語には無かったことで、つまり漢語の輸入によって我が国に発生した新しい音形式だったのである。連母音ぎらいだった日本語の音韻に、それだけ大きな影響を中国語が与えたのは、長い間の感化でできることで、推古朝以来、特に漢音の知識がだんだん知識層に浸透し、大化の改新以後一層漢音が重んぜられ、奈良朝までに大分深くなり、日本書紀の字音仮名も、漢音によったものであったし、奈良朝末、平安の初めにかけて、漢音を修めない僧尼《そうに》は得度《とくど》すべからずという勅令さえ出て、大学の学生のみならず、寺門へまで、経を読むにも漢音で読むべきことが奨励されて、中原《ちゆうげん》から中国の学者を聘《へい》して毎代音博士《おんはかせ》(6)として大学にて学生に学ばしめられたから、いよいよ日本人の口が外国音の発音に習熟して来て、かくも著しい新発音形式を口にするようになった。

ここにおいて、それまでついぞ無かった連母音 ai au が、純日本語の上にまでどんどん生じたのがすなわちイ音便・ウ音便である。

書きて――書いて kakite――kaite.
きさき（后）――きさい kisaki――kisai.
髪掻《かみか》き――かうがい kamikaki――kaugai.
向《むか》ひ――向《むか》う mukafi――mukau.
仕へ（まつる）――仕う（まつる） tukafe (maturu)――tukau (maturu).
給ひ（ける）――給う（ける） tamafi (keru)――tamau (keru).

これは、平安中期から目立って多くなり、まず中央部に起って、だんだん地方の各地へ、その形が伝播《でんぱ》して全国に及んだが、その初めは、平安の初期までさかのぼっている。もちろん口語の上にまず起って、雅文《がぶん》にまで浸透した。経巻《きようかん》の訓点などでは、物語り文以前に既にあらわれているから、文献さえあったら、あるいは奈良期の末期までさかのぼる語例もあるかも知れない。万葉集中にただ一つ、櫂《かい》という語が見えるのなどは、その一例でないかと思われる。

此の夕ふり来る雨は彦星の早漕ぐ船の賀伊の散りかも（万十・二〇五二）

この賀伊が、どうしても櫂《かい》のことで、これが奈良の文献に見えた唯一つの連母音である。思うに、語源は、水を掻《か》く具で、「掻き」の音便形で、こういうことが起ったものであろう。髪《かみ》掻《かき》が、「かうがい」となったように、「掻き」が「かい」と成る可能性がある。

さて、外国語の影響で、連母音 ai au は邦人の口にすっかり乗って、以後数百年、これが古来の国語習慣を打破していたと見えたが、それも近世日本語の初頭に、とうとう au 及び ou を単母音オーにしてしまった。すなわち、字音のアウ・カウ・キャウ・サウ・シャウ・等々がことごとくオー・コー・キョー・ソー・ショーの類になって今日に及ぶ。オウ・コウ・キョウ・ソウ・ショウの類も同様オー・コー・キョー・ソー・ショーとなり、eu もヨーに、iu もユーに、ことごとく単母音の「引き音」にしてしまっているのである。

今一つの連母音、i に終る方は現代まで残ったが、ei の方は、現代やはりエーになってしまった。ai の方は、昔の中央区畿内地域はまだ依然、ai でいるが、全国の各地の方言が、ややもすればこれをエー（あるいはその開音）に訛《なま》りつつある。やはり連母音を単母音化する方向への変化である。

これをもって見れば、連母音をきらう日本語の傾向は、中頃、外からの影響下に一変されたかに見えたが、生地は争えないもので、やはり、単母音組織の本性を現わして来た。日本語の特質というものは、ほとんど本能的で、千年の国語史を貫いて変らないものであることを知る。

六　音節法の極度の単純性

日本語の特質は、音節というものの上に、最も大きなものをもつ。

既に言いふるされたように、日本語の音節は開音節、すなわち、母音で終る音節であることを特質とする。

さてその母音が現在アイウエオの五音に過ぎない故、国語の音節の末音は僅々《きんきん》五種だけという簡単さである。

次に音節の頭音は、少い子音が、ただ一つずつだけ立つに過ぎないという簡単さであって、従って、あらゆる可能な音節がいろは四十七、アイウエオの五十音に尽きようとする。

否、上代語においては、語頭の音はなお限定されて、ラリルレロが語頭に立たなかった。漢語を通して、瑠《る》璃《り》・龍《りゅう》・礼《れい》・論《ろん》などいうような語と共にわが国が初めてラ行ではじまる語をもったのである。

その上、濁音で始まる語も無かった。連濁で語中に濁音は自然に生じたけれど、語頭に濁音をもつ語が記・紀・万葉を通じて一つも無いということも一つの特質である。ただこれもまた、佛陀《ぶつだ》・菩薩《ぼさつ》・梵《ぼん》・婆羅門《ばらもん》・勤行《ごんぎょう》・極楽《ごくらく》・浄土《じょうど》というような語と共に仁・義・文・武・学・藝などいう漢語が取り入れられて国語に濁音で起る語が口にされるようになって来た。拗音《ようおん》リャ・ミャ・ニャ・ヒャ・ビャ・キャ・ギャ・クヮ・グヮという類の音節も同じように漢語から入って来た。それ故に漢語が国語化されて以来の音節数は、五十音図ぐらいでは尽せない多数に上った。

しかし、五十音の中にも、今は存しないヤ行のyi ye、ワ行のwuが省かれて実数四十七、拗音は今ではア列・ウ列・オ列があるだけ、殊にクヮはア列だけに止まる故、濁音・半濁音を合わせても四十一、合計八十八音、撥音節・促音節の二つを加えても九十に過ぎない。これを中国語や英語などの数百千種にも上るものと比較したら少いものであるのみならず、はっきりした構造で、すぐに計算し得るほどその形式が簡単なのである。もちろん、音韻組織の異なる漢語輸入時代には、向うの発音を口移しにして、クヱ・グヱ・クヰ・グヰなどいう色々な形で取り込んだのであるが、本来こういう単純な音節しかもたなかった国民が、だんだんと単純化して、これほどの数に、永年かかって整理して来たものに他ならない。

三　文法組織の特質

一　語序のアルタイ型

日本語の語法上の特質は、すでに触れたように、西隣りの大陸のアルタイ諸語から、ウラル諸語の特質とそっくりであって、その点では、特に日本語のみの性質とは言えないので、あるいはこれを日本語の特質として挙げることは無いかも知れない。しかし、この性質は、文献以来あれほどの中国語の大影響下にも、また明治以後の、これほどの英語の浸透裏にも、依然として、微動だもしない根本性質であるから、やはり、これが日本語法の根本特質であることは疑うべからざる事実である。すなわち、第一に、語序の規定である。語序の規定は、助詞の助けで、理解が成り立つので、比較的自由で、語勢をおく時には逆にされることも可能であるが、習慣的な通常の語序としては、

（一）　主語を先に、述語を後にする。

（二）修飾語を先に、被修飾語を後にする。
従って、形容詞を先に、名詞を後に、
副詞を先に、動詞・形容詞を後にする。
（三）目的語・補足語を先に、動詞を後にする。
（四）助詞及び助動詞は常に名詞・動詞の下に添う。
以上が、平常の表現における国語の語序の鉄則であって、ウラル・アルタイの諸語と共通な習慣である。

二　日本語の活用の特質

形態上の特質としては、いわゆる膠着語《こうちゃくご》の特質を分ち、まず、ある程度の活用を発達させていること。特に著しいのは、助辞（助詞・助動詞）のおびただしい発達である。

この活用は、しかし、承接《しょうせつ》上の形の分化であって、インド・ヨーロッパ語族の曲折《きょくせつ》のような人称や数に応じて変るのとは全く異る。アルタイ系の諸語は、人数や数に応ずる変化をも有するが、なおそれと共に、承接上の変化をも有する点で我が日本語との間に一致がある。つまり我が国では、原始時代、恐らく複数形を単数に用いて敬意を表わした。そして、敬語法の発達によって、人称を表わすと共に、数区別を、主語に一任して、動詞自身には無くなったものらしい。恐らくそれが、アルタイ諸語との異同を生じたのである。そして、日本語の最も顕著な特徴の一つは、実にこの敬語法の微妙な発達にある。

三　日本語の助詞・助動詞の性質

助詞・助動詞の大きな役割が膠着語《こうちゃくご》の特質である。助詞が体言の下に添う、その添い方が、まだ全く体言の語尾化せず、我が国では、「花咲く」「花が咲く」、どちらも言えるのであって、この取り離しの効く点が、曲折語《きょくせつご》と異なる。助動詞に至っては、今少し緊密な添い方をして、山田孝雄《やまだよしお》(57)博士のごとく、複語尾と見做《みな》した学者もある程であるが、それでもまだ、曲折語の動詞の曲折ほど、動詞の語体へ癒合《ゆごう》するには至らず、それ自身また活用を有して他の助動詞を連接するかたち、半ば独立性を有し、これを取り離すことが出来るので、膠着語性をもつのである。これが、日本語形態上の重要な特質の一つである。

四　語節の極度の複雑性

音韻《おんいん》組織に「音節」があるように、語法組織の上に「語節」がある。

この語節ということは、西洋言語学では、言っていないことであるが、日本語学ではぜひ言わなければならないことである。それが西洋語（殊にその古典語）とちがう日本語の特質の一つにつながるからである。

なぜ、西洋にこれまで、言われなかったかといえば、西洋語、殊にその古典語では、「単語」即語節であって、単語と言えば、もう別に語節を言う必要がなかったからである。

しかし、全然、触れていないことはない。それはすなわちパーツ・オヴ・スピーチである。スピーチ、すなわち、実際の言語表現を、文字に書きのぼすのに、ロゼッタストンなどのようにベタに書いては読みにくいから、文を読みよいように部分部分に区切ったのが、パーツ・オヴ・スピーチの元である。

例えばラテンや英語の Julia est regina＝“Julia is queen”が、日本語では「ユリアは皇后であります」であって、文を区切って文構造の要素を見ると、向うならハッキリ三つの単語になる。すなわち、語節即単語であるが、日本語では、「は」だの「で」だのが、単語へ結びついたのが、節を成して、三節から出来ているのである。それで、この節を、橋本進吉博士(54)が文の節であるからといって文節と呼ばれた。語で出来ている節だから、私は語節と呼んでいる。帰するところは同じことである。

言語表現は、分節的表現であるから、幾つもの分節から成る、その最小の分節で、およそ言語表現の単位たるもの、それを私が語節と呼ぶ。ヨーロッパ古典語では、それが単語だけれど、日本では、ちょうど、音節が、母音なら一つでも出来るが子音なら母音へ連って成るように、語節も、言《ことば》（体言・用言）なら一つでも語節を成すが、辞《てにをは》は、言《ことば》へ連って初めて語節を成す。

（一）花　咲く。（二）鳥　啼く。

は、言《ことば》だけの語節であり、この場合は各〻の二単語二語節ずつであるが、

（三）花が　散った。（四）鳥が　啼いた。

となると、これは、やはり、おのおの二語節で成る文であるが、四単語ずつから成る。直接に文を組み立てているのが、（一）も（二）も二つの節、すなわち二語節からしか成立っていない。文構造を成すために、日本では単語がこうして語節を成して初めて文を成すこと、音が、音節を成して、初めて、幾つの音のコトバと言われるようなものである。単語はいわば、反省の所産で、実際の文の直接の成文は、この語節なのである。語節が、幾つか集って、文を成す。

さて、その語節が、ヨーロッパ諸国語でははなはだ簡単で、大抵一単語なのである。ただ近代英語などになって、in on of at などが生じて、せいぜい、それを率いて二語ぐらいで出

来るのに、日本の語節は、が・の・に・を・より・から・まで・のみ・さえ・だに・すら・ばかり・へ・は・ぞ・こその類がたくさんあって、しかもそれが、二重にも三重にも名詞・代名詞へついて一語節をつくる。「花・を・ば・し・も」「花・を・こそ・は」「私・ばかり・で・は」「君・で・さえ・も・が」、変化窮まりない。用言、殊に、動詞になるとやはり助動詞があって、二重・三重、時としては四重・五重にもつくことがある。そして、それによって細い感情が表わし分けられる。

仰す
仰せ・らる
仰せ・られ・たり・けり
仰せ・られ・たり・ける・に・や
おっしゃら・れ・まし・た・の・で・しょう・か・しら

これらは極端な場合を取ったのであるけれど、助動詞が、受身・使役・時・法などを表わすために、あとへあとへ幾らも幾らもつづくことのあるのは我々の国語では普通である。商家の老婆などになると、「ございますんではございませんでございますんでございます」聞いていて、どっちか解らなくなってしまうほど、あとから、あとから、くっついて繋《つな》がり得るのである。

五　敬語法の類無き発達

（一）　相対性の敬語

敬語は、どこの国語にも多かれ少かれあるものである。それは自然だからである。そして階級制度のやかましいところ、そしてタブーの支配から抜けきらない未開社会、その二つながら兼ね備わった土地の言語には、最もやかましい敬語法の発達がある。ジャヴァ島のジャヴァ語などにその典型を見る。

しかし、こういう種族における敬語は、いわば、絶対性の敬語法と私の称する所のものである。陰で言う場合も、又他の人に向ってその人について話す時も、用いなければならない敬語である。世界諸国語にある敬語という敬語は、むしろこういう種類の敬語である。例えば、向って言うには Your Royal Highness（殿下）は、噂《うわさ》に言うにも His Royal Highness と言う類である。同様に Mr. Yamada（山田氏）、Mrs. Yamada（山田夫人）は、他の人と噂するにもその通り言う。相手によらない。絶対敬語と呼ぶゆえんである。

日本の敬語は（皇室に関してだけは絶対敬語が残っているが）この種の敬語から相対性の敬語に進んだものである点に、特質をもつ敬語なのである。

もちろん長上に対しては、おじい様・お父様・おばあ様・お母様など敬語で呼ぶのであるが、客（その客が目上であればある程）により、身内は敬語無しに、祖父が、祖母が、父が、母がというように言うのである。相手によってそう変るのであって、相手がもし同じ身内のものだったら、おじいさん・おばあさんという。兄弟同士で父母を言うなら、お父様・お母様でよい。あるいは従兄弟《いとこ》でも親しい同士だったらそれでよいが、まれにしか会わない、殊に目上である時などは、他人に向うと同様、父が、母がというものである。すなわち相手次第で適当に、あるいは父とだけ、あるいはお父さんと、それは全く相対性の敬語なのである。故にその使い分けには、親しさの感情や、尊敬の感情が細かに表現されて微妙な味をもつのである。

（二）　敬語の濫用

一口に敬語というが、分けて言えば、日本の敬語法は、第一、用言には、まず——

（一）　相手を敬う敬称、いらっしゃる・めしあがる・おっしゃる・あそばす（なさる）の類、（人の「動作」に用いる）

（二）　己れを謙《へりくだ》る謙称《けんしょう》、参る・頂く・申す・いたすの類、（己れの動作に用いる）のほかに、

（三）　ていねいに物を言うていねい称、「ます」をつけていう類、（誰のと無く、すなわち、

人のは、もちろん、身内の動作、自己の動作、目下の動作にでもつけて言う）この三様の語法から成り立つ。この中で（三）のは、平安時代に入って、「はべる」「さぶらふ」を助動詞的に用いて発達したが、鎌倉以降、封建時代に、武士同士が礼儀を重んじて発達し、江戸時代市府の発達が商業の隆盛をいたし、商人の顧客に対する商業主義が拍車をかけて進んだもののようである。

これに対し、動詞の普通の形は、平称《へいしょう》とでも言えよう。「食《く》ふ」は平称、「たべる」はていねい称、「いただく」は謙称、「あがる（めしあがる）」は敬称である。敬称は最も早く、上代既に、特に皇室と神とに対して盛んに用いられている。

第二に体言、特に名詞・代名詞については、尊称と親称（あるいは愛称）と、ていねい称とがある。

尊称は美称《びしょう》、すなわちほめる語形である。大きいと褒《ほ》め（大神・大君・大殿・大前）、本当のと讃《たた》え（み家《や》‖宮、み酒《き》・真《ま》床《とこ》・真《ま》玉）、それを重ねて、おほみ位・おほみてぐらのように言うと、天皇と神に関しての物だった。その他、太幣《ふとみてぐら》・太占《ふとまに》・豊祝《とよほぎ》・豊秋津島、みな美称である。「高」「広」などもこの類である。古くは用言・体言の別ちもきわやかではなかったから、形容詞・副詞、いずれとなく用いられて、大坐《おほま》す・太知《ふとし》り・高照らす、のようにも用いられたが、この中に、おほみ――おほん――おん――お、と段々短く簡単になるにつれて一般化し、お顔・お目・おからだ・お父様・お母様のように広く用いられて、尊称から、ていねい称になって、自分の出すものでもお茶・お菓子・お肴《さかな》・お酒・おさつ・おいもの類から、とうとう、お卵・おじゃが・お葱《ねぎ》・お大根、外来語にまで行って、おコーヒー・おビールまで来てしまった。これらは尊称ではない。しとやかに、恭《うやうや》しく、すなわち礼譲ある詞《ことば》遣《づか》いをするつもりで言うことで、ついには上品ぶった言い振りに堕した。ちょうど、上流の詞であった「あそばせ」詞《ことば》をむやみに用いて上品ぶるのと並行した行き過ぎである。漢語には字音の御《ご》を、国語にはこのおで、御《ご》一人《いちにん》・おひとり・御《ご》帰還・おかえり・御《ご》酒《しゅ》・おさけ、というようにあるべきのを、漢語も用い馴れて日本語化すると、お膳《ぜん》・お椀《わん》・お蒲団《ふとん》・お退《たい》屈《くつ》・お辞《じ》儀《ぎ》のようにもなる。

日本語の敬語法は、日本語を美しくする重要な特質であるが、濫《らん》用《よう》して行き過ぎの傾向があると共に、誤用が目立って多くなったことは、せっかくの美しい特質が、美しからざる、いたずらに煩瑣《はんさ》な、むずかしい言語たらしめようとしている。格にかなった適当な使用は、たぐいなく日本語を美しくする特質である。今後この方面の研究と教養とが必要である。

(三)　敬語法は文法的事実

敬語法は、もとは、文法的事実というよりも、修辞的事実であったにちがいない。ヨーロッパ諸国語においては現にその程度である。故に、西洋文法では問題にしないのである。しかし修辞であるならば、無しにも用の足る贅物《ぜいぶつ》である。それがなくても、文法上差支えのないものである。

しかるに我が国の敬語法は、もう文法的事実にまで来ていて、贅物とのみ思われない所まで来ている。それは人称《パーソン》の役をさえもこれがつとめるからである。

いらっしゃいます?、いらっしゃるなら、参ります。

これは、「汝行くや、汝が行かば我も行かむ」を意味する。ヨーロッパの古典語や、ウラル・アルタイ語族の諸国語が、動詞の語尾の人称形式で表わすところを、日本語では敬語法が代用しているのである。

父がですか? お父様がですか?

なども、人の父と自分の父とをこういって言い分ける。

だから、これを、贅物としたら、どっちがどっちやら、わからなくなるから、修辞法の段階から、一歩文法の段階へ歩み出したものである。

四　結　論

一　総　括

以上述べた日本語の特質を要約するならば、音韻《おんいん》上では、音節が極端に簡単であり、反対に語法上では、語節が極度に複雑であるということ。

また、二重母音というものを一切もたず、母音の順行同化が極度に盛んで、かつては母音調和[2]といえる程度まで進んでいた痕跡《こんせき》のあざやかであること。

敬語法が、最も見事に発達して、単なる尊称形式に止まらず、また、絶対敬語の程度に止まらず、相対性敬語法というべき特殊な段階に至っていること。

以上である。

二　特質成形の過程——アジア系へ南方の影響——

さて、世界の他の方面に、こんなような性質をもつ国語があるであろうか。

それは、アジアの北部から、ウラル山脈を越えてヨーロッパにわたるウラル・アルタイ語族の諸言語である。この諸言語は、語序が全部、日本語と一致するのみならず、細部にわたって、上に挙《あ》げた諸点の類似をもつのである。すなわち、重母音が無くして単母音で成ることが、中国語及びインド・ヨーロッパ諸国語とハッキリ分れてその一大特質を成し、母音《ぼいん》調和という顕著な特質が、日本より一層あざやかに精密に出来て居り、音節構造が極めて簡単に、頭に一子音《しいん》、末に一子音を許す程度であるが、語節の方は、色々な語尾が長たらしくつき、受身や、可能や使役や時を示すものが、二重三重四重にもついて、入用の時は、みなつくが、不用の時は、不用の分だけが離れ得るのであって、まだインド・ヨーロッパの古典語の語尾のようには成り切っていず、半ば附属的、半ば独立的である点、程度はさまざまであるが、ほぼ我々とその揆《き》を一にする。

敬語法も存するのではあるが、ただ日本のような、ていねい法の相対的敬語の段階までには至ってはいないのである。ただその中で朝鮮語の敬語法は、ていねい法があり、相対性敬語法を発達させているさま、ほとんど我が国と同じ趣《おもむき》であると思われる。この点からも、日本語に最も近いアルタイ語は、やはり朝鮮語だといわなければならない。

ただ、朝鮮語の、特質の日本語と異なるところは、中国と地続きであって、漢代に既に征服されてその郡になった程であるから、中国文化の支配を受くること遙《はる》かに日本にまさり、言語も中国語の感化と見える重母音の存在、及びアルタイ語の特質の閉音節、すなわち一子音で終る音節のみならず、往々二子音に終る音節をさえ所有することである。

しかし、重母音が中国語の影響で生じた証拠には、それは主として京城地区のものの発音であって、地方へ行くとやはりそこを単母音化しているということを李熙昇《りきしょう》氏によって知ることを得た。uiという重母音はよくあるけれど、地方へ行くと、それがuとだけ発音されるか、あるいはiとだけ発音される。我が国で、例えば、「寒い」が、「さむ」あるいは「さみ」と単母音化されることと一致するのである。

音節の一子音で終ることは、ウラル・アルタイ全部にわたってあり得ることなので、我が国に、上代からもう既に開音節のみとなっている特質は、大八洲《おおやしま》に来てから後の変化であろう。それは、南方諸言語の特質なのである。南方諸言語は、西から東まで開音節の勝った言語である。文献以前の遠い昔から、何十世紀・何百世紀、親潮の流れが、南方から来て大八洲の南岸を洗っていたのであるから、そういう言語を話す民衆が、九州から四国から東方へ、いわゆる海人部《あまべ》・海人族となった伝説のあるように、事実この島に、先住して、大和民族に従ってその言葉を用いてしまったのであろうか、その衆が多かったために、その人々の口にする開音節の発音が日本語の開音節化へ関係をもつのではあるまいか。そういう南方の言語の影響を考えて初めて日本語の開音節の特質のよって来る原因がわかるが、そう考えるほかには、その原因が説明されない。

すなわち、今日の日本語の特質は、大部分は、ウラル・アルタイ系の諸言語と共に分つ特質であるが、開音節の一点のみの異るところは、南方の影響によって生じた特質だったのである。こうして日本語は、ウラル・アルタイ諸言語から隔てがついて、この島の上に独特の言語を形造った。それは、悠久《ゆうきゅう》の年月を経過していることは、日本語の特質のかれらと相近いというのは、文法上並びに音韻組織という比較的変りがたい事実の上のことであって、変《へん》遷《せん》又変遷して止まない語彙《ごい》の方面は、僅《わず》かに一衣帯水《いちいたいすい》を隔てるのみに過ぎない朝鮮語との間にさえ大きな相違を生じていることからわかるのである。金属器や衣料や薬物などには共通の語彙が拾われるけれど、これは、分れてから後の文化の交流によって入って来たもので有り得るのであって、そういう語彙を除くと、似た語彙の見出しがたいこと、亡羊《ぼうよう》の嘆《たん》がある。例えば、数詞においても、代名詞においても、その差があまりに大で、インド・ヨーロッパ語族における英語とギリシア語との間、否、梵語《ぼんご》との間よりも遠く感ぜられることは、原始日本語の悠久な古さを考えに置くよりほかに解釈のつけようがない。この島に渡った日本の古さは、原始インド・ゲルマン八千年ないし一万年と考えられているよりも、もっと古いデイトをもつ、そういう永い間にこの日本語の特質が成形されたものであったであろう。このデイトを、幾らかでも縮めて行くのは、今後の両国語の精密な比較研究の進歩があるのみである。

注

（1）**子音**　言語に用いる単音の一類。発音のとき舌・歯・くちびる・口蓋《こうがい》・喉頭《こうとう》などで発する音。日本語では音素としてカガサザタダナハバパマラなどの頭音、それに準じるヤワの頭音がある。これらは母音と結合して音節をつくる。

（2）**母音調和**　ことばの内部で母音の並び方に制限があること。アルタイ語の特徴的な現象。古代日本語にも認められる。（本書一五三ページ「四　母音調和の痕跡」参照。）

（3）**母音**　言語に用いる単音の一類。日本語で、a・i・u・e・oの五種。単独に、また子音と結合して音節をつくる。

（4）**和音**　①日本風になった漢字の音。漢音の対語。②平安時代、正音（漢音）に対する呉音のこと。

（5）**呉音**　わが国の漢字音の一。最も古く伝わり、日本化した漢字音。古代の揚子江《ようすこう》下流地域の言語の音をうつしたものという。仏典の大部分がこれで読まれるほか、日常語化した語の中にも多く見いだされる。「名・明」のミョウ、「人」のニンなど。

（6）**音博士**　わが国上代の大学寮に設けられていた職名。中国語の正しい発音を教授する仕事をつかさどった。初期には中国人が任ぜられていたが後には日本人も採用された。

（7）**漢音**　わが国の漢字音の一。呉音《ごおん》よりあとに伝わった、隋・唐の、おもに洛陽《らくよう》や長安など、中国西北方の発音。標準音としてしょうれいされた。奈良時代から平安時代にかけて伝えられた音で、平安時代には正音《せいおん》ともいい、音博士《おんはかせ》によって特に教授されたほどで、おもに漢文を読むのに用いられた。「体裁《ていさい》」「品行《ひんこう》」など。

（8）**反切《はんせつ》**　字音を示すために古く中国の字書で使われたやり方。たとえば、「麗」の字について、『「郎計」

の反』とし、上の「郎」から子音をとり、下の「計」から母音をとって、音レイを示す。

(9) 源順《みなもとのしたごう》　延喜十一年～永観元年(911～983)。平安時代中期の歌人・学者。嵯峨天皇曾孫。天元三年(980)能登の守となる。天暦年間には梨壺《なしつぼ》の五人のひとりとして後撰集の撰進と万葉集の訓釈に従事し、また、辞書の倭名類聚鈔をつくった。

(10) 倭名類聚鈔《わみょうるいじゅしょう》（和名類聚鈔）　承平四年（934）ごろ成立。漢和辞書。十巻・二十巻。源順の著。天地部から草木部までの二十四部百二十八門（二十巻本は三十二部二百四十九門）に漢語を分類標出して出典を示し、類音や反切で音を、漢文で説明を、万葉仮名で和名を注記した一種の百科辞書。意義分類体の辞書としてはわが国最大のもので、国文学研究にも古代語資料としても貴重。略称、和名抄・順和名。

(11) 音便　発音の便宜のために語中・語尾の音が変化すること。イ音便・ウ音便・撥音便・促音便の四種がある。「きさき→きさい（后）」「おとひと→おとうと（弟）」のように単語の中に起こる場合と、用語の活用に起こる場合とがあり、後者にはかなり規則的に現われる。奈良時代にすでにあったが、多く用いられるようになったのは平安時代で、イ音便・ウ音便が早く、次に撥音便・促音便の順で発生した。

(12) 入声《にっしょう》　中国における漢字の四声《しせい》の一つ。仄字《そくじ》に属する。日本の漢字音ではキ・ク・チ・ツ・フで終わる類。

(13) 転呼音　仮名をそれ自身の発音によらず、他の音に転じて発音すること。「にんわ（仁和）→にんな」など。せまくは、「しほ→しお」、「なは→なわ」などの、ハ行転呼音をさす。

(14) 延言《えんげん》　江戸時代の国語学で、「うつる→うつろふ」「かたる→かたらふ」「いふ→いはく」などのように助動詞や接尾語がついたことばを、音を引きのばしたものと見ての言い方。

(15) 敬称　敬意を表わすために、特別に添えられる接辞。「ひろしくん、佐藤氏、社長殿」などがそれ。

(16) 謙称　けんそんして言うよび方。自分を「小生」と言うなど。

(17) 使役相　文法でいう「使役」を表わす形。「書かしむ、書かせる」などがそれ。

(18) 敬相　敬語を表わす形。

(19) 所相　文法でいう「受身」。受動。「能動」の対語。

(20) 自然相　文法でいう「可能」のうち、「自発」または「自然可能」といわれるもの。動作の主体の意志とは無関係に動作が実現するような場合にいう。「昔のことがしのばれる」などがそれ。

(21) 可能相　文法でいう「可能」を表わす形。文法学者三矢重松の用語。

(22) 連母音　母音が二つ連続していること。重母音（または二重母音）とは異なる点に注意。たとえば「営利」（エイリ）の「エイ」と「絵入り」の「エイ」とを比べてみると、前者は一続き（ひとかたまり）に発音されるが、後者はエとイの間に強さの弱まりがあるばかりでなく、イの強さも異なる。このようなとき前者は、重母音であり、後者は連母音である。

(23) 脣音重　(24) 脣音軽　昔の音韻学者たちは、単音または音節を発音する際の発音の重い軽いを「軽重《キョージュー》」として言い分けていた。たとえば、「を」（wo）を重いとし「お」（o）を軽いとして五十音図のア行（お）とワ行（を）を区別したりしていた。また、脣音（くちびるを使って発する音）に関しても、両唇音（両くちびるの間で発する子音。p,b,m など)を「重」とし、脣歯音（脣と歯の間で発する子音。f,v など）を「軽」として区別していた。

(25) 賀茂真淵　元禄十年～明和六年（1697～1769)。国学者・歌人。国学の四大人の一。号は県居《あがたい》。歌人としては万葉復古を理想とし、その歌風は歌壇を風靡《ふうび》し、学者としては万葉考に見られる万葉研究が中心であるが、冠辞考・祝詞考・歌意考など古代の文学・語学全般にわたり創見が多い。古今和歌集打聴・源氏物語新釈などの注にも師から受けた古典の実証的研究に詩人的直観を加えた点が見られる。松坂で本居宣長《のりなが》に古事記の注釈を勧めた話は有名である。

(26) **谷川士清《ことすが》** 宝永六年（1709〜1776）。江戸時代の国学者・神道家。本居宣長の同郷の先輩にあたる。『日本書紀通証』（全三十五巻）、や『和訓栞《わくんのしおり》』などの著作で知られるが、とくに「通証」第一巻付録の「倭語通音」はわが国における用言活用研究の最初のものとして注目される。

(27) **通音** 江戸時代の国語学で、「うつせみ――うつそみ」「さねかづら――さなかづら」「ともし――とぼし」のように、同じ語が二つの異なる形で現われるとき、その異なる部分の音は互いに相通するものとして、その現象を呼んだ術語。いわゆる「音通説」である。

(28) **音韻相通** 江戸時代の国語学で、語中のある音節が他の音節に転ずる現象のうち、語源的に関係のある二語の間に音韻交替が見られる場合の説明に用いた術語。アマとアメ（天）、カロシとカルシ（軽）のように五十音図の同じ行の間の交替を「同音相通」といい、ケブリとケムリ（煙）、ナデルとナゼル（撫）のように五十音図の同じ列の間の交替を「同韻相通」といった。著者は『国語音韻論』で「音韻相通」の語を用い、また『新訂増補　国語音韻論』では「音韻交替」の語を用いて、これらの現象にふれている。

(29) **五音** (31) **七音** 江戸時代の国語学の音韻学では、悉曇《しったん》の影響をうけて、発音を摩多（母音）・遍口声などのほか、喉・顎・舌・歯・脣の各声、つまり全体を「七音」に分ける考え方が主流をなしていた。「五音」とは、それらのうちの喉以下五つのものをさしていっている。

(30) **五音相通** 前注の「五音」の発音が相互に流通して音韻交替をしているとする考え方。

(31) **七音** →(29)

(32) **舌内音** 江戸時代の国語学の用語で、発音の際、調音点が舌の内側にあるとしていわれた音。t, d,

n, r, z, s, sh を指すが、現在では「歯音」「歯茎音」に分けて呼ばれる。

（33） **開合** ここでは単純に、母音の差によって、口の開き加減からいって、広いものを「開」、狭いものを「合」といっている。厳密な意味では「開合」は、もと声明《しょうみょう》や謡曲の用語で、オ列の長音の二種をいう名目で、歴史的にみれば、アウ・カウ・キャウなどは開音、オウ・コウ・キョウなどは合音とされ、いずれも長音化しているが、地方にはまだ区別の残っているところもある。

（34） **唇内音** 江戸時代の国語学の用語で、発音の際、調音点が唇《くちびる》の内側のところにあるとしていわれた音。現在では「両唇音」とも呼ばれるもの。

（35） **喉内音** 江戸時代の国語学の用語で、発音の際、調音点が喉《のど》のところにあるとしていわれた音。現在では「軟口蓋音」「硬口蓋音」と呼ばれる。

（36） **鼻音** 鼻にかかる音。「通鼻音」ともいう。

（37） **破裂音** 発音の際、閉じていた呼気を破裂させて調音するもの。

（38） **摩擦音** 発音の際、発音器官の隙間に呼気を摩擦させて調音するもの。

（39） **勢相** 文法でいう「可能」を表わす形。大槻文彦の用語。

（40） 八品詞・九品詞・十品詞 「品詞」とは、文法上の性質や働きから単語を分類したよび名で、日本語は、ふつう名詞・連体詞・副詞・接続詞・感動詞・動詞・形容詞・形容動詞・助動詞・助詞の十品詞に分けられている（橋本進吉らの説・文部省「中等文法」）。大槻文彦（「廣日本文典」）は名詞・動詞・形容詞・助動詞・副詞・接続詞・てにをは・感動詞の「八品詞」に分けている。鶴峯戊申（「語学新書」）は実体言・虚体言・代名言・連体言・活用言・形容言・接続言・指示言・感動言の「九品の説」をとり、山田孝雄も富士谷成章の考えを発展させて「九品詞」を説いている。このように細かくは学者によって違いがあり、一定しない問題もある。

(41) 字音仮字用格《しおんかなつかい》　本居宣長著の韻学書。安永五年（1776）刊。まぎれやすい字音のかなづかいを定めたもので、とくに韻鏡と万葉仮名とを結びつけた最初の研究として知られる。

(42) 字音仮名遣　歴史的かなづかいのうち、漢字音についてのかなづかい。自《じ》・治《ち》・桜《あう》・押《あふ》・応《おう》・王《わう》など。江戸時代の学者によって、韻鏡にもとづいて理論的に定められたもの。

(43) 本居宣長《もとおりのりなが》　享保十五年〜享和元年（1730〜1801）。国学者。国学四大人の一。号、鈴の屋・舜庵《しゅんあん》。伊勢松坂の人。京で医学・和漢の学を学び、契沖の書に啓発され、帰郷後医業のかたわら源氏・万葉を中心に古典を研究・講義する。賀茂真淵の勧めで、三十五年を費やして古事記伝を完成。この間、語学・文学・神道各方面の著述、門弟の教育にあたった。

著作は注釈に前記のほか、新古今集美濃家苞《いえづと》・源氏物語玉の小櫛《おぐし》・万葉集玉の小琴など、語学研究に、てにおは紐鏡《ひもかがみ》・漢字三音考・詞の玉緒・御国詞活用抄など、文学論に、紫文要領・石上淑言《いそのかみのささめごと》など、その他、玉勝間・初《うい》山踏など。研究態度は実証的、科学的で、玉の小櫛の「もののあはれ」論をはじめ創見に満ちており、門下には長男春庭・養嗣子大平・田中道麿・服部中庸・横井千秋・鈴木朖《あきら》・田中大秀・伴信友・平田篤胤《あつたね》らがおり、江戸国学の最高峰であった。

(44) 白井寛蔭　生没年不詳。江戸時代の国学者。

(45) 音韻仮字用例《おんいんかなつかい》　韻学書の一つ。万延元年（1860）刊。白井寛蔭が、宣長の「字音仮字用格」や「地名字音転用例《じおんてんようれい》」などの誤りを正し、用例を増補して刊行したもの。

(46) 文雄《もんのう》　「ぶんゆう」とも。「僧文雄」とも。江戸時代の語学者。元禄十三年〜宝暦十三年（1700〜1763）。丹波に生まれ十四歳で仏門に入る。江戸で太宰春台に唐音を学ぶ。二十七歳のとき京都に帰り、僧職につき、晩年は了蓮寺の住職となる。かたわら、韻学・天文学などの研鑽や著述にはげむ。『磨光韻鏡』（注47）や『和字大観抄』など多くの著作があるが、わが国における『韻鏡』研究の始祖として後の学者に大きな影響を与えた。

(47) **磨光韻鏡《まこういんきょう》** 韻学書。文雄著。上下二巻。延享元年（1744）刊。天明七年再刻。上巻は『韻鏡』の構成原理を考え校定した図をまとめたもの。下巻は上巻の利用法を説いたもの。著者多年の研究に基く成果の一つで、総計四千二百七十九字について漢音・呉音・華音（主として中国の杭州音）を記し、反切を注記したもの。わが国に於ける『韻鏡』研究史上、初の科学的研究の成果といわれ、とくに「韻鏡は反切の図には非ず、文字の音韻を正すの鏡なり」と喝破したことは、高く評価されている。なお、『韻鏡』は、十世紀ごろ中国で作られたものだが、成立年代や作者は不明である。さらに頭子音をタテ軸に、韻をヨコ軸に配列し、さらに頭子音の清濁、韻の四声（中国語独特のアクセント）などを組込み、字音の検索に便利なグラフようの四十三図から成っている。日本でも多種刊行され、中国音韻、漢字音の研究に役立ってきた。

(48) **音価** 表音文字の一字一字が受け持つ、音声の特性。

(49) **中舌母音《なかじたぼいん》** 発音の際、舌の位置が前寄りでも後寄りでもなく、中間にあり、中舌面が口蓋へ向けて高められて調音される母音。中舌面は高められず、自然のまま平らである場合もある。ここでは、単純に舌の位置からみて前舌母音・後舌母音（注50・51）ではないことをいっているとみるのがよい。

(50) **前舌母音《まえじたぼいん》** 発音の際、舌が中央より前寄りにあって調音される母音。前（寄り）母音とも。

(51) **後舌母音《あとじたぼいん》** 発音の際、舌が中央より後寄りにあって調音される母音。後（寄り）母音とも。

(52) **平唇** 発音の際、唇が平べったい形で（丸く開かれずに）あること。関西や土佐方言のウはこれに対して「円唇」のウといわれる。

(53) **中舌音《ちゅうぜつおん》** 母音（部）の調音の際、中舌面が口蓋に向かって高められて発音される音。

(54) **橋本進吉** 明治十五年～昭和二十年(1882～1945)。国語学者・文法学者。明治四十二年東大卒、すぐ助

手となり以後東大教授を定年退職(昭和十八年)するまで一貫して国語研究室勤務。業績は多岐に及ぶが、古代音韻史、上代特殊仮名遣いの研究、下っては室町末から江戸へかけての音韻体系の研究など、日本語の歴史的研究とくに音韻史にすぐれた研究がある。慎重周到な研究態度と厳密な資料処理に定評がある。また、多くの弟子を育成したことでも知られた。一般的には、文部省の「中等文法」(橋本文法)の著作者としても有名である。

(55) **特殊仮名遣**(上代特殊仮名遣)奈良時代およびそれ以前には、エ・オ・キ・ケ・コ・シ・ソ・ト・ノ・ヒ・ヘ・ホ・ミ・メ・モ・ヨ・ロの十七音とその濁音とが、二音に分かれていた。この二音を甲類・乙類と呼び、甲類・乙類の書き分けを上代特殊かなづかいという。なお、オ・シ・ホ・モに関する二音の区別は古事記に見られるもので、日本書紀では一音となってしまい、甲・乙の区別がない。たとえば、「古《こ》」は「子《こ》」「越《こ》ゆ」などの語を書き表わすときに用いられるが、「心《こころ》」「木《こ》の間」などの語には用いられない。「心」などは「許《こ》」の字で書き表わす。さらに、「古」と「許」とでは、同一語を表わすことがない。この事実から、「古」と「許」とは別のグループに属する文字と認めて、「古」を甲類、「許」を乙類の文字とする。文献上で、甲・乙の使い分けが厳密であることから、その相違は発音にあると考えられ、現在では、母音の差と考えられている。ただし、エの区別はye・eの相違で、他のものとは性質が異なる。

(56) **重母音《じゅうぼいん》**　二つの母音が連続して一つの音節のようにまとまっているもの。二重母音。「営・貝」のエイ(ei)・カイ(kai)などに見られる。

(57) **山田孝雄《よしお》**　明治六年〜昭和三十三年(1873〜1958)。国語学者・国文学者。いわゆる〝山田文法〟の名で呼ばれる大学者。富山市に生まれる。富山中学中退後、小中学校教員検定試験合格。中学校教員を経て、大正十三年東北大講師、ついで教授となる。のち神宮皇学館大学学長、貴族院議員、国史編修院長などを歴任。昭和二十六年文化功労者となり、三十二年文化勲章をうける。文学博士。旧来の国文法を批判して独自の文法論を大成、『日本文法論』『奈良朝文法史』『平安朝文法史』『平家物語の語法』など多くの著作がある。また『古事記概説』『万葉集講義』『三宝絵略注』などすぐれた語学的注釈書も多い。『国体の本義』『神道思想史』などの著作によって熱烈な国粋主義者としても知られた。

解　説

吉沢典男

(一)

本書は、昭和二十四年（一九四九年）十二月に日本放送出版協会から「ラジオ新書」の一冊として刊行された『国語の変遷』を再編して上梓の運びとなったものである。

実は、『国語の変遷』が初めて世に問われたのはさらに遡《さかのぼ》って昭和十七年（一九四二年）のことで、同じく「ラジオ新書」としてである。

また、この本は「文化選書」として、あるいはまた「創元文庫」としても刊行され、多くの人々の座右に置かれた。

いま、それらを年度順に並べてみると次のようである。

(1)　ラジオ新書　昭和十七年十二月　日本放送出版協会（以下「新書・初版本」という）
(2)　文化選書　昭和二十三年三月　東光協会
(3)　ラジオ新書　昭和二十四年十二月　日本放送出版協会（以下「新書・再版本」という）

(4)　創元文庫　昭和二十七年六月　創元社

書名の示す通り、内容の中核をなす〝第一　日本語の変遷〟は、著者が昭和十五年十二月に日本放送協会・東京放送局の「国語講座」の〝国語の変遷〟を担当し、四回にわたって放送した際の原稿に加筆、自身で浄書したもので、放送講座だったところから〝ラジオ新書〟の一冊に収められたものである。

この「新書・初版本」は次のような目次内容であった。

〔漢字は新字体に改めて記す〕

序論
一、言語現象の二面性
　　　　　　　　……（本書と同じにつき省略）
一〇、説明を与へたいことども一、二
結論
第三　新国語の生みの悩
第四　国語と事変――日本語と支那語――

用語・用字に再編のあることは、本書の目次と較べていただければすぐに理解されようが、「第二」の副題「国文法の新体制を提唱す」や「第四　国語と事変――日本語と支那語――」などに、「新書・初版本」の置かれていた時代相を読みとることもできよう。

これらの点は、「文化選書本」では訂正・削除された。とくに、この「第四」章は　全面的に削除され、「新書・再版本」以後、「第四」章は「日本語の特質」に替えられ、本書と同じ内容になった。

「新書・初版本」が、「第一　国語（日本語）の変遷」だけでなく、「第二〜四」を含めた内容になったのは次のような事情によるものである。「新書・初版本」の〝はしがき〟にいう。

（口演の原稿浄書が）やっとでき上って送ってほっとしていると、一冊に出すには頁数が少し足らないから、序《つい》でに何か、も少し書いてくれというのである。止むなく、同じ年の夏の帝大の国語講座二日分の草稿などがあって、そんなのを、また浄書して送った。これでどうやら小冊子としてやっと世にでる運びになったそうな。

そして、でき上った本は、新書版百八十ページ、ケース入りの「ラジオ新書(71)」、金五十銭也であった。

ケースの表側には書目のほかに、「日本出版文化協会推薦」とゴシック体で印刷され、その下に推薦文が次のように記されている。

国語問題が識者の関心をあつめ、凡《あら》ゆる有識層から一斉に論議され出したこと、今日の如きはいまだ曽《かつ》てない。新しい国語、世界の日本語の確立こそ、今やわが民族の文化的使命であり、諸論簇出《ぞくしゅつ》の盛況たる、また当然と言うべきである。本書は、この論議の渦中にあって、国語の歴史を冷静犀利《さいり》に顧みたのち、国文法の改革をはじめ国語問題の諸懸案に論及して、日本語の優秀性と、その向うべきところを明にした。大東亜建設戦下、国民味読の書である。

この推薦文、いずれどなたかの苦心の作であろうが、「大東亜建設戦下」の一語句を削れば、現代にもりっぱに通用しうるものではなかろうか。そして、また、そこにこそ、本書のもつ〝古典的価値〟を解明する手がかりがあろう。

（二）

本書「第一」章「日本語の変遷」は、すでに述べた通り、放送による国語講座の草稿をもとにでき上ったものである。

恩師新村出博士の五つの時代区分に従って、日本語の変遷を簡明に説いたもので、恰好《かっこう》の国語史入門講座であろう。

たとえば、第一期の上代日本語――奈良時代及び奈良時代以前――を説いては、言語系統論の立場から広く視野をとり、南方諸語やアイヌ語との関係、さらにはアルタイ諸語との相関を要領よく述べている。著者は先に『国語史　系統篇』（刀江書院刊・昭和十三年四月）をあらわしたばかりであり、その説くところは当時の人々をして言語の〝学〟を改めて認識させたに違いない。そこには、ドイツから〝言語史〟的研究法を持ち帰った、上田万年博士（東大・言語学科主任教授）の感化・薫陶をうけた著者の〝史観〟が一本筋として通っていて、迷うところがない。

また、いつの時代を説くにあたっても、文法・音韻・語彙など要素的にあらゆる分野にわたって点検・補説する。「言語というものは、民族の伝承の上に存在し、民族生活の進展につれて時代から時代へ不断の変遷・発達をし続けるものである。ただその変遷は、目にも止まらない小さな差異を織り畳んで、極めて徐々として進行するのが常であり、進行中には、格別意識にも上らないが、若干の時を重ねて初めてそれと気がつく」（同章・序論）という立場に立っての、具体例の提示は、強い説得力をもっている。もちろん、現在という時点からみれば、系統論や国語史の分野には新しい発見・研究あるいはつかまえ方という点で多くの成果が上げられてはいるが、それとても、著者の〝史観〟をいささかも損うものではない（たとえば、「日本語の系統」小沢重雄〈日本語講座第一巻「日本語の姿」大修館・昭和五十一年十月刊〉参照）。むしろ、簡明な記述の中に盛られた、日本語の歴史のエッセンスは、さらに見直され、洗い直されてよいものと思われる。

〝八宗兼学〟ともいうべき該博な学識に裏付けされた「日本語の変遷」――それは、これからも永く国語学徒を鞭《むち》ち、ことばに関心をもつ人々につねに平明な指針を与えてくれるであろう。

そして、わずか一ページ余ではあるが、「新書・再版本」で「補」説されたところ（本書六五～六六ページ）は、著者が第二次大戦後、国語審議会委員として日本語改革のために長い間奔走した〝情熱〟の一つの原点を示すものとして注目されてよい。

本書「第二」章の「規範文法から歴史文法へ」は、昭和十五年八月、東大で開かれた国語教育学会の草稿をまとめたもので、本書に収められる前、すでに一部は『国学院雑誌』（四十七巻一号・十六年一月）に同題の論として掲載され、一部は『とほつびと』（十六年一月号）に掲載されたものである。断片的であったものが、ここにまとめて登載された。

著者は、言語現象の二面性から説きおこし、言語の伝承性、流動性をも踏まえて〝文法論〟を展開する。具体例にふれつつ、先賢の説を紹介・批判し、諄々として、あたらしい〝国語法〟を構築すべきことを説く。

今までの記述文法の、我と人と等しく遺憾に思うことは、『廣日本文典』以後、目を開いてもらった西洋文法に捉われて、国語法の真相が歪められる傾向のなおあることである。

例えば、数《ナンバー》を説くのに、西洋諸国語にははっきり数の範疇《はんちゅう》があってのことだから、精確に説かれるのに、我が国には元来、数の範疇など文法上に存しないのである。それを強いて叙述しようとするから、よくできないで、結局、国語法の不精確さを印象づけるに終る。時《テンス》も同様である。向うではそういう範疇があって、そうできている言語であるから、整然と説かれるのに、国語にはないのであるから、説いて確かならず、国語の文法の成っていないというような、つまり国語の劣等観を培うにしか役立たなかったのである。（中略）文法は普遍的事実すなわち法則であるが同時に文法は民族文化であるから、民族の個性によって成立するのである。（中略）今までの文法は、しばしば過度の普遍化の下に個性が見落されていた観がある。

このように説かれれば、文法という問題はおのずとまた違った問題としてわれわれに迫ってこよう。ラ・リ・ル・ル・レ・レ、き・けり・つ・ぬ・たり・り——などと暗記ばかりさせられる、つまらぬものという印象を文法についてもっている人々には、ぜひとも読んでもらいたい一章ではある。

著者は、結語にいう。

所詮《しょせん》、文法というものも、一概に考えられるような乾燥無味な仕事ではなく、時としては、全く詩人のような豊かな感情、女性のような繊細な敏感をもって、初めて味識され、初めてその真髄が発揮されるのである。その精確さが、国民の信頼をかち得る時に、著者自身何ら拘束するつもりで書いたのではないのに、やはり、おのずと拘束する力が附帯して来る。その意味で、よき文法書は、やはり規範的性格を持つのであった。ただし、芭蕉のような、紫式部のような、また人麻呂や赤人のような人々の作を拘束する規範ではなしに、それらの人々の作に対してはむしろその表現の本当の味を味到する指針としての規範であることであろう。

著者の息づかいまでが聴えてきそうな、おひとがらそのままの達意の文章である。「金田一京助」といえば、人々はイコール、アイヌ語というふうに想起することが多いのであろうが、この年十六年二月には『新国文法』（武蔵野書院）を刊行されており、文法学者としての著者の見識は、いまも銘記されるべきであろう。

いわゆる「形容動詞」類を「準名詞」と呼ばれるなど、新見に富む〝金田一文法〟であるが、度々いうように、広い視野に立った言語学的洞察に基く〝文法〟であった。「品詞分類上の新疑問——語類の区別か話部の分割か——」（「国語と国文学」十六巻三号十四年三月）、「文法のもひとつ奥」（「とほつびと」十七年十月）など、文法関係の論文も多く発表されており、金田一文法の功績を忘れてはなるまい。

本書「第三」章「新国語の生みの悩み」は、昭和十六年四月『文学』の特輯国語と国字（九巻四号）に発表した「仮名遣問題批判」を若干増補して、本書に収めたものである。

末尾にことわり書きしてあるように、時代的に論点にズレのあることは、止むを得ない。「仮名遣い」といえば、戦後の国語問題史上に有名な、福田恆存と著者の間の〝仮名遣い論争〟（昭和三十一年）があるが、これについては、のちに述べよう。

本書「第四」章「日本語の特質」は、『社会学大系・第九巻――思想と言語――』（二十三年十二月刊）に同題で発表したものを、それまでの「第四」章に替わるものとして「新書・再版本」から収めたものである。比較的手にいれにくい本にまず発表されていたものであるから、こういう形で読めるようになったのはありがたいことだった。

「膠着語《こうちゃくご》」として日本語を位置づけし、音韻・文法の両面から、日本語の特質を論じたものである。

著者は、東京帝国大学文科大学の卒業論文で「世界言語の助辞」（明治四十年六月脱稿）をまとめて以来、日本語についても広く他言語との比較という論点から追及を続けていたのであるが、この「日本語の特質」はそういう著者の蘊蓄《うんちく》が傾けられていて、読者をひきつける。

(三)

本書の「新書・初版本」が、NHKの「国語講座」（昭和十五年十二月放送）を直接のきっかけとして生まれたことはすでに述べたが、著者と放送との関係は、古く長いものであった。

たとえば、すでに昭和四年（一九二九年）七月十二日の読売新聞ラジオ版をみると、夜七時二十五分からの「民俗伝説の夕」という番組で、折口信夫（「河童伝説」）らと並んで、著者が「アイヌの間に残る義経の伝説」と題して放送することが、大きな顔写真入りで掲載されている。十五年八月からはＮＨＫ放送用語委員となり、この仕事は三十七年三月まで続けられた。晩年、テレビやラジオに多く出演していたことはよく知られていよう。

福田恆存らと著者らの間の「現代かなづかい論争」は別に「金田一・福田論争」の名で呼ばれるように、とくに二人の間で激しく行なわれたものである（昭和三十年十月〜三十一年八月）。

福田が「国語改良論に再考をうながす」（「知性」三十年十月）で〝現代かなづかいの矛盾〟を突いたのが発端となって論争は始まった。福田の批判の対象にされた桑原武夫・著者のうち、桑原は「断片的引用文をたねに張り手を食わすような福田論文には反論したくない」と論争を拒み（「私は答えない」「知性」三十年十二月）、著者が応酬に立ち、吉川幸次郎・さねとうけいしゅう・江湖山恒明らもこれに加わった。

金田一「かなづかい問題について」（「知性」三十年十二月）

福田「再び国語改良論についての私の意見」（「知性」三十一年二月）

金田一「福田恆存氏のかなづかい論を笑う」（「中央公論」三十一年五月）

福田「金田一老のかなづかい論を憫む」（「知性」三十一年七―八月）

永野賢によれば「論争は激烈で醜悪なドロ試合の様相すら呈したが、金田一が〝現代かなづかいは現代語音にもとづいた新かなづかいであって、表音式かなづかいとは本質的にちがうのだ〟とその国語史的論拠・言語学的妥当性を説こうとした一貫した主張に強さが見られた。それに対し福田は観点を移し論点をずらせ、巧みなレトリックが目立ったが、根本的には〝歴史的かなづかいを合理的だとも固守せよとも言わぬが、現代かなづかいの矛盾は許せない〟との意見のよう」だという（『近代文学論争事典』）。

いずれにしても、国語審議会委員をも長く勤めた著者は、激しい筆致に学問的な立場を一本こめて、若々しいまでの意気で応じたのである（時に、著者は七十三歳であった）。

土岐善麿の「哀悼十三首」（『金田一京助先生思い出の記』四十七年十一月十四日・三省堂刊）の中に、次の二首がある。

批判者の無知にするどく発言す　諭すがごとく　叱るがごとく
事を遂げよとねんごろなりき　国語審議に　会長のわれをいたわりながら

著者は、アイヌ語学者として世界的に知られ、また石川啄木の友として、あるいは教科書・辞書の編者として、広く知られた学者であった。多くの教科書に随筆「心の小径」が載せられたことによって、学生・生徒からの便りが続々と寄せられ、講演依頼が全国から相次いだ。著者は、ずいぶんと無理をされてまでも、これらの依頼には快く応じておられた。

道のべに　咲くやこの花　花にだに　えにしなくして　わが逢ふべしや

と詠まれた著者のお人柄が今更のように偲ばれる。

著者の没後すでに満五年を閲《けみ》する。ここに『日本語の変遷』が改めて一本として世に問われることは、著者最晩年の講筵《こうえん》に列した者の一人として、ほんとうにうれしいことである。考えてみれば〝言語学〟〝国語学〟という分野の問題は、他の〝民俗学〟とか〝文学〟とかに比べては、ずいぶんと地味な、そして無味乾燥と思われがちな学問ではある。しかし、「柳田学」といわれ「折口学」といわれる存在と対比して、「金田一学」と呼ばれるのにふさわしい業績が、前章で指摘した条々のほかにも多く存在していると考えるのは、筆者の独断に過ぎるだろうか。その〝アイヌ語学〟の大山のかげに隠れて、ともすれば忘れられがちな、著者の他の大きな面に光はもっとあてられてよいだろう。

本書がそういう意味でのきっかけともなれば、どんなにすばらしいことであろうか。

（東京外国語大学教授）

KODANSHA

金田一京助（きんだいち　きょうすけ）

1882年岩手県生まれ。1907年東京帝国大学文学部卒。東大教授，国学院大学教授を歴任。日本学士院会員。文学博士。文化勲章受章。言語学・国語学を専攻，特にアイヌ語学・アイヌ文学研究を開拓。著書に『アイヌ叙事詩ユーカラの研究』『国語音韻論』など。1971年没。

講談社学術文庫

定価はカバーに表示してあります。

日本語《にほんご》の変遷《へんせん》

金田一《きんだいち》京助《きょうすけ》

1976年11月10日　第1刷発行
2022年5月13日　第27刷発行

発行者　鈴木章一
発行所　株式会社講談社
　　　　東京都文京区音羽 2-12-21 〒112-8001
　　　　電話　編集（03）5395-3512
　　　　　　　販売（03）5395-4415
　　　　　　　業務（03）5395-3615
装　幀　蟹江征治
印　刷　株式会社ＫＰＳプロダクツ
製　本　株式会社国宝社

ISBN4-06-158090-6

「講談社学術文庫」の刊行に当たって

これは、学術をポケットに入れることをモットーとして生まれた文庫である。学術は少年の心を養い、成年の心を満たす。その学術がポケットにはいる形で、万人のものになることは、生涯教育をうたう現代の理想である。

こうした考え方は、学術を巨大な城のように見る世間の常識に反するかもしれない。また、一部の人たちからは、学術の権威をおとすものと非難されるかもしれない。しかし、それはいずれも学術の新しい在り方を解しないものといわざるをえない。

学術は、まず魔術への挑戦から始まった。やがて、いわゆる常識をつぎつぎに改めていった。学術の権威は、幾百年、幾千年にわたる、苦しい戦いの成果である。こうしてきずきあげられた城が、一見して近づきがたいものにうつるのは、そのためである。しかし、学術の権威を、その形の上だけで判断してはならない。その生成のあとをかえりみれば、その根は常に人々の生活の中にあった。学術が大きな力たりうるのはそのためであって、生活をはなれた学術は、どこにもない。

開かれた社会といわれる現代にとって、これはまったく自明である。生活と学術との間に、もし距離があるとすれば、何をおいてもこれを埋めねばならない。もしこの距離が形の上の迷信からきているとすれば、その迷信をうち破らねばならぬ。

学術文庫は、内外の迷信を打破し、学術のために新しい天地をひらく意図をもって生まれた。文庫という小さい形と、学術という壮大な城とが、完全に両立するためには、なおいくらかの時を必要とするであろう。しかし、学術をポケットにした社会が、人間の生活にとってより豊かな社会であることは、たしかである。そうした社会の実現のために、文庫の世界に新しいジャンルを加えることができれば幸いである。

一九七六年六月

野間省一

大阪ことば事典
牧村史陽《しよう》編

最も大阪的な言葉六千四百語を網羅し、アクセント、語源、豊富な用例を示すとともに、言葉の微妙なニュアンスまで詳しく解説した定評ある事典。巻末に項目検出索引、大阪のしゃれことば一覧を付した。

658

レトリック感覚
佐藤信夫著(解説・佐々木健一)

日本人の言語感覚に不足するユーモアと独創性を豊かにするために、言葉の〈あや〉とも呼ばれるレトリックに新しい光をあてる。日本人の立場で修辞学を再検討して、発見的思考への視点をひらく画期的論考。

1029

レトリック認識
佐藤信夫著(解説・池上嘉彦)

古来、心に残る名文句は、特異な表現である場合が多い。黙説、転喩、逆説、反語、暗示など、言葉のあやの多彩な領域を具体例によって検討し、独創的な思考のための言語メカニズムの可能性を探る注目の書。

1043

言語・思考・現実
B・L・ウォーフ著／池上嘉彦訳

言葉の違いは物の見方そのものに影響することを実証し、現代の文化記号論を唱導したウォーフの主要論文を精選。「サピア＝ウォーフの仮説」として知られる言語と文化について鋭い問題提起をした先駆的名著。

1073

レトリックの記号論
佐藤信夫著(解説・佐々木健一)

記号論としてのレトリック・メカニズムとは。我々を囲む文化は巨大な記号の体系に他ならない。微妙な言語現象を分析・解読するレトリックの認識こそ、記号論の最も重要な主題であることを具体的に説いた好著。

1098

敬語
菊地康人著

日本語の急所、敬語の仕組みと使い方を詳述。尊敬語・謙譲語・丁寧語など、日本語ほど敬語が高度に発達している言語はない。敬語の体系を平明に解説し、豊富な用例でその適切な使い方を説く現代人必携の書。

1268

ことば・考える・書く・辞典・事典

本を読む本
M・J・アドラー、C・V・ドーレン著／外山滋比古・槇　未知子訳

知的かつ実際的な読書の技術を平易に解説。読書の本来の意味を考え、読者のレベルに応じたさまざまな読書の技術を紹介し、読者を積極的な読書へと導く。世界各国で半世紀にわたって読みつがれてきた好著。

1299

いろはうた　日本語史へのいざない
小松英雄著（解説・石川九楊）

千年以上も言語文化史の中核であった「いろはうた」に秘められた日本語の歴史と、そこに見えてくる現代語表記の問題点。言語をめぐる知的な営為のあり方を探り、従来の国文法を超克した日本語の姿を描く一冊。

1941

敬語再入門
菊地康人著

現代社会で、豊かな言語活動と円滑な人間関係の構築に不可欠な、敬語を使いこなすコツとは何か？　豊富な実例に則した百項目のQ＆A方式で、敬語の疑問点を解説。敬語研究の第一人者による実践的敬語入門。

1984

蕎麦の事典
新島　繁著（解説・片山虎之介）

故・司馬遼太郎が「よき江戸時代人の末裔」と賞賛した市井の研究者によって体系化された膨大な知見。蕎麦の歴史、調理法、栄養、習俗、諺、隠語、方言——あらゆる資料を博捜し、探求した決定版〈読む事典〉。

2050

四字熟語・成句辞典
竹田　晃著

見出し項目約四五〇〇、総索引項目約七〇〇〇を誇る本格派辞典。「感情表現」「リーダーシップ」「人をほめる」など、時に応じてぴったりの言葉に出会えるガイドも充実。人生の知恵がきらめく豊かな表現の宝庫。

2163

関西弁講義
山下好孝著

読んで話せる関西弁教科書。強弱ではなく高低のアクセント（≒声調）を導入してその発音法則を見出し、文法構造によるイントネーションの変化など、標準語とは異なる独自の体系を解明する。めっちゃ科学的。

2180

ことば・考える・書く・辞典・事典

タブーの漢字学
阿辻哲次著

はばかりながら読む漢字の文化史！「且」は男性、「也」は女性の何を表す？「トイレにいく」が「解手」となるわけ――。豊富な話題をもとに、性、死、名前、トイレなど、漢字とタブーの関係を綴る会心の名篇。

2183

五十音引き中国語辞典
北浦藤郎・蘇 英哲・鄭 正浩編著

親字を日本語で音読みにして、あいうえお順で配列。だから、中国語のピンインがわからなくても引ける！「家」は普通「jiā」で引くが、本書では「か」。初学者に親切な、他に類のないユニークな中国語辞典。2色刷。

2227

雨のことば辞典
倉嶋 厚・原田 稔編著

甘霖、片時雨、狐の嫁入り、風の実……。日本語には雨をあらわすことば、雨にまつわることばが数多くある。季語や二十四節気に関わる雨から地方独特の雨のことばまで、一二〇〇語収録。「四季雨ごよみ」付き。

2239

日本語とはどういう言語か
石川九楊著

漢字、ひらがな、カタカナの三種の文字からなる日本語。書字中心の東アジア漢字文明圏においても構造的に最も文字依存度が高い日本語の特質を、言（はなしことば）と文（かきことば）の総合としてとらえる。

2277

日本人のための英語学習法
松井力也著

英語を理解するためには、英語ネイティブの頭の中にある、英語によって切り取られた世界の成り立ちや、イメージを捉える必要がある。日本語と英語の間にある乖離を乗り越え、特有の文法や表現を平易に解説。

2287

擬音語・擬態語辞典
山口仲美編

「しくしく痛む」と「きりきり痛む」、「うるうる」と「うるっ」はいったいどう違うのか？ 約二千語を集大成した、オノマトペ辞典の決定版。万葉集からコミックまで用例満載。日本語表現力が大幅にアップ！

2295